Uwe Habenicht
Freestyle Religion

Uwe Habeni[...]

Freestyle **Religion**

Eigensinnig, kooperativ und weltzugewandt –
eine Spiritualität für das 21. Jahrhundert

echter

Den Freundinnen und Freunden in Deutschland, Italien,
der Schweiz und anderswo

Bibliografische Information der Deutschen Nationalbibliothek

Die Deutsche Nationalbibliothek verzeichnet diese Publikation in der
Deutschen Nationalbibliografie; detaillierte bibliografische Daten sind im
Internet über ‹http://dnb.d-nb.de› abrufbar.

1. Auflage 2020
© 2020 Echter Verlag GmbH, Würzburg
www.echter.de

Umschlag: wunderlichundweigand.de (Foto: Shutterstock)
Gestaltung: Crossmediabureau, Gerolzhofen
Druck und Bindung: CPI-books – Clausen & Bosse, Leck

ISBN
978-3-429-05494-6
978-3-429-05095-5 (PDF)
978-3-429-06487-7 (ePub)

Inhalt

Konturen des Neuen 7

I. **Religion lebt – oder ist sie doch schon tot?**
   Zur religiösen Gegenwart 11
1. Was kommt, ist schon da 11
2. „Freestyle Religion" und „religious Freestyle" 14
3. Vom Zerbröseln institutionalisierter Religion 16
   - 3.1 Individualisierung eins und zwei 18
   - 3.2 Kosmopolitische Konstellation 20
   - 3.3 Kulturalisierung 21
   - 3.4 Entdogmatisierung 24
   - 3.5 Enttraditionalisierung 25
4. Die Kirchen auf der Suche nach einer neuen Rolle .. 26
5. Sehnsucht und Notwendigkeit – „der eigene Gott" .. 27
6. „Urban mystix" 29
7. Von den Versuchungen der Spiritualität 32

II. **Wunderbares Wirken über mich hinaus –**
    Religion und Spiritualität 37
1. Tragfähig und gelungen spirituell sein –
   was braucht gute Spiritualität? 37
   - 1.1 Trägt spirituell sein der Realität Rechnung? 46
   - 1.2 Wird spirituell sein dem Einzelnen gerecht? 47
   - 1.3 Entspricht diese Art, spirituell zu sein
     dem Transzendenten? 49
2. Was ist Religion? 52
3. Die drei Dimensionen der Religion 54
4. Das dritte Paradies als Modell 56
5. „Eyes open – eyes closed" 58
   - 5.1 Die Augen schließen:
     Das Mystisch-Kontemplative 59

    5.2 Mit offenen Augen agieren: Das weltzugewandte
Handeln und Gestalten 66
    5.3 Mit einem geöffneten und einem geschlossenen
Auge die Gegenwart Gottes feiern –
Das Liturgisch-Kultische 73
6. Wo das Dritte Paradies entsteht –
Die Gemeinschaft Sant'Egidio 82
7. Die politische Mystik der Psalmen 88

III. Freestyle Religion für das 21. Jahrhundert 91
1. Nicht-doktrinär spirituell 91
2. Sinn und Sinnlichkeit – Leibbezogene Präsenzkultur . 102
3. Offenporige Autonomie 108
4. Freestyle Religion – eigensinnig, kooperativ und
weltzugewandt 111
5. Teil der Kultur und Gegenkultur zugleich – die neue
Rolle der Kirche im Zeitalter von Freestyle Religion . 115
    5.1 Das Eigene zum Glänzen bringen –
Workshop-Kirche 115
    5.2 Ort des Verdrängten und Misslungenen:
gegenkulturelle Strömung 118

IV. Wie beginnen? – Hinweise zur spirituellen Praxis 121
1. Im Vorhof des Heiligen 122
    1.1 Achtsam in der Natur 123
    1.2 Körperübungen und Stressabbau – MBSR 124
    1.3 Die eigene Stimme finden: grünes Schreiben
und Speedwriting 125
2. Das Meditativ-Kontemplative gestalten 126
3. Das Liturgisch-Kultische gestalten 134
4. Gestaltendes Wirken 134
5. Straßenexerzitien und Alltagsexerzitien – vom
Abschreiten aller drei Kreise 135

Anmerkungen 139

Literatur 147

Und dies ist der Grund, warum unsere Theologie gewiss ist: Weil sie uns von uns selbst wegreißt und uns außerhalb von uns versetzt, damit wir uns nicht auf unsere Kräfte, unser Wissen, unseren Sinn, unsere Werke und unsere Person stützen, sondern uns auf das verlassen, was außerhalb von uns ist, nämlich auf die Verheißung und auf die Wahrheit Gottes, die uns nicht täuschen.

Martin Luther (WA 40/I 589, 25–28; Übersetzung U. H.)

Konturen des Neuen

Oft ist der Nebel vor dem Fenster meines Arbeitszimmers so dicht, dass der Blick nach draußen nichts als eine weiße Wand zeigt. Wenn die Nebelschwaden allerdings in Bewegung geraten, lassen sie für kurze Augenblicke Umrisse von Bäumen, Häusern und Hügeln sichtbar werden. Manches lässt sich mehr erahnen als sehen. Der Stall auf dem Hügel gegenüber taucht kurz auf, dann ist er wieder verschwunden.

Bei solchen Wetterlagen blicke ich oft sehr lange hinaus. Lasse meinen Blick schweifen und halte Ausschau, ob sich die vertraute Umgebung mit ihren Umrissen und Konturen zeigt.

In den letzten zwei Jahren ist mir der Blick aus dem Fenster zum Inbegriff dessen geworden, was mir auch in meinem Nachdenken wichtig geworden ist.

Wer einmal angefangen hat, über Religion und Spiritualität nachzudenken, wird so schnell damit nicht aufhören können, hinzuschauen und zu warten, bis sich Konturen abzeichnen. Ermutigt durch den Wüstenvater Pior, von dem erzählt wurde, dass er jeden Tag einen Anfang machte, möchte ich nach meiner minimalistischen Spiritualität *("Leben mit leichtem Gepäck")*, die das Abwerfen von unnötigem Ballast ins Zentrum stellte, nun den Versuch unternehmen, das Ganze und Grundlegende christlicher Spiritualität in den Blick zu nehmen. Vor unseren Augen entstehen gerade neue Konturen des Religiösen, also freie Formen von Religion (Freestyle Religion) bzw. neue Formen des Umgangs mit Elementen traditioneller Religion (religious Freestyle), die diese grundlegend verändern. Diese Entwicklung wirft viele Fragen auf: Entsteht dadurch nicht eine religiöse Beliebigkeit, die oberflächlich, egoistisch, gemeinschaftsfeindlich, unkooperativ und politisch desinteressiert ist? Oder stecken diese neuen Formen spätmoderner Religiosität voller überraschender Möglichkeiten, die lange schon in unserem Glauben angelegt waren und erst jetzt zu Tage treten? Und, so möchte ich weiter fragen, ist es möglich, tragfähige Religiosität von oberflächlichen Scheinformen zu unterscheiden? Und anhand welcher Kriterien könnte eine solche Unterscheidung gelingen? Wer hat heute überhaupt noch das Recht und die Autorität, „echte" und „richtige" Religion von „unechter" und „falscher" zu unterscheiden?

Im Begriff „Freestyle Religion" schlummert bereits ein verborgener Wunschtraum, der wohl allem religiösen Streben innewohnt: der Wunsch, aus dem ermüdenden Selbstgespräch mit uns selbst herausgerissen zu werden. Religion, wie immer wir diese verstehen, ist immer schon mit dem Wunsch, dass wir über uns hinausgelangen, unauflösbar verbunden.

So sucht Freestyle Religion den Punkt, an dem wunderbares Wirken erlebbar wird: hinausgeführt zu werden über die eigenen beschränkten Möglichkeiten und hineinzuspringen in die Weite des Göttlichen. Freestyle Religion erhofft wunderbares Wirken auch noch in einer anderen Hinsicht, nämlich selbst wirksam und aktiv zu werden, über die eigenen Interessen hinausgeführt zu werden und kooperativ mit anderen Wunderbares und Erstaunliches entstehen zu lassen. Freestyle Religion, so lässt sich das Folgende vielleicht in der kürzestmöglichen Form umreißen, sucht nach dem wunderbaren Wirken, das mich über mich hinausführt – zu anderen und zum Transzendenten.

Weil sich mein Nachdenken stets im Dialog entfaltet, im tagtäglichen mit meiner Familie und darüber hinaus mit meinen Freundinnen und Freunden in Deutschland, Italien, der Schweiz und wo immer sie gerade stecken, möchte ich ihnen dieses Buch widmen. Ihnen allen verdanke ich vielfältige Impulse und Fragestellungen, ohne die „Freestyle Religion" undenkbar gewesen wäre.

Rehetobel/St. Gallen im Februar 2020

I.
Religion lebt – oder ist sie doch schon tot? Zur religiösen Gegenwart

1. Was kommt, ist schon da

Was ich in meinem Alltag als Pfarrer erlebe, ist kein großes, alles erschütterndes Erdbeben, sondern Schlimmeres als ein Erdbeben. Die alten Kirchenmauern, die jahrhundertelang das, was wir Religion nennen, umschlossen, beschützt und bewahrt haben, werden nicht von einem spürbaren heftigen Erdstoß in Schutt und Asche gelegt. Was sich hinter unserem Rücken, also irgendwie spürbar, aber eben nur schwer fassbar, vollzieht, ist ein inneres Zerbröseln und Bröckeln des alten Gefüges, als würden sich die Steine, die lange die Kirchenmauern getragen haben, von innen zersetzen, verfaulen wie Obst, das überreif ist und seine Zeit gehabt hat. Das Alte trägt nicht mehr, verliert an Plausibilität und Evidenz. Auf einmal verlieren die alten Überzeugungen ihre Kraft, die Netze lösen sich auf. Neue Lebensrhythmen, andere Gewohnheiten, veränderte Perspektiven rücken traditionelle und ererbte Kirchlichkeit in ein blasses, wenig anziehendes Licht. Religion und Glaube sind den Medien jenseits von Pädophilie und Kirchenaustrittsstatistiken lange schon keine Schlagzeile mehr wert, denn das kirchliche Siechtum ist wenig interessant. Einerseits.

Andererseits gibt es offenbar diese vage Sehnsucht nach Spiritualität, diese diffuse Rückkehr der Religion. Der

Buchmarkt zu Spiritualität (und Esoterik) boomt und treibt immer neue und überraschendere Blüten. Doch bleibt diese Sehnsucht neblig, schwer zu fassen. An den Kirchen, den organisierten und institutionalisierten Strukturen, zieht sie jedenfalls vorbei, ohne Spuren zu hinterlassen. Die Bankreihen am Sonntagmorgen bleiben zumeist leer.

Das ist der Ausgangspunkt meiner Überlegungen zu dem, was ich als „Freestyle Religion" beschreiben werde. Mit Absicht wähle ich einen Ausdruck, der im üblichen kirchlich-theologischen Sprachgebrauch eher ungewöhnlich, wenn nicht sogar ein wenig verwirrend ist. In jedem Fall ist „Freestyle Religion" oder „religious Freestyle" unbelastet von Vorurteilen und vorschnellen Einordnungen. Freestyle Religion ist das Kommende, das schon da ist, die Kontur des Neuen, das sich zeigt. Wenn wir genau hinschauen, sehen wir diese Kontur bereits an vielen Orten als praktizierte und gelebte Religion. Zugleich enthält sie, wie ich meine, ein noch unentdecktes Potential, das es zu entwickeln und zu stärken gilt – um der Religion und der Menschen willen. Freestyle Religion kommt und ist schon da. Versuchen wir also zu verstehen, was in unserer Gegenwart religiös vor sich geht und was sich zukünftig immer deutlicher zeigen wird. Eine Beschreibung der Gegenwart kommt nicht umhin, auch zu beschreiben, wie es zu diesem Zustand der Gegenwart gekommen ist: Welche Wellen haben der Religion ihre derzeitige Gestalt gegeben, welche Stürme und Sturmfluten sind über sie hereingebrochen?

Und was lassen sich daraus für Schlüsse für ihre zukünftige Gestalt ziehen: Bleiben die Kirchen als Symbolgestalten institutionalisierter Religion ohnmächtige Opfer dieser Prozesse, oder vermögen sie diesen Veränderungsprozessen aktiv eine Richtung zu geben? Ist die Theologie mehr als ein hinterherdenkendes und dogmatisches Anhängsel der Kirche? Oder kann sie vorausdenken, konstruktiv Potenziale und Gestaltungsmöglichkeiten für die Zukunft der Religion entwickeln und in Gang setzen? Kurz: Kommen die Kirchen aus ihrer jammernden und selbstzentrierten Opferrolle heraus und können sie etwas zur Lebensbewältigung, zur Heilung des Einzelnen und des Gemeinschaftlichen heute beitragen? Kritisch beitragen, indem sie Fehlentwicklungen benennen und im Gespräch mit anderen Wissenschaften Kriterien für gelungene Religiosität und Spiritualität so aufzeigen, dass der Einzelne in die Lage versetzt wird, eine eigene Spiritualität, einen eigenen Glaubensstil, seine und ihre Freestyle Religion so zu gestalten, dass sie nicht nur eine Privatsache bleibt, sondern auch aufs Gemeinschaftliche ausstrahlt?

In diesem Sinn versteht sich das Folgende als kritische und praktische Anleitung, die individuelle Art spirituell zu sein, so zu entwickeln, dass sie tragfähig, also eigensinnig, kooperativ und weltzugewandt zugleich ist. Denn eigensinnig, kooperativ und weltzugewandt muss eine Spiritualität sein, so meine Grundthese, wenn sie tragfähig und belastbar sein soll.

Im ersten Teil werde ich versuchen, die Kräfte, die unsere religiöse Gegenwart prägen, sichtbar zu machen. Im zweiten Teil wird es darum gehen, die drei grundlegenden Dimensionen des Religiösen zu beschreiben. Die wesentlichen Merkmale des Freestyle, also die Muster, die unseren Umgang mit religiösen Elementen bestimmen, werden im dritten Kapitel genauer bestimmt. Das vierte Kapitel schließt mit praktischen Übungen.

2. „Freestyle Religion" und „religious Freestyle"

Um aus den religiösen Festlegungen und Vorurteilen herauszukommen, habe ich für meine Überlegungen einen Terminus gewählt, der ursprünglich aus dem jugendlich geprägten Bereich des Sports kommt, inzwischen aber eine existenzielle Grundhaltung beschreibt. „Freestyle" bezeichnet seit den 1980er Jahren den individuellen Wunsch, dem Leben einen eigensinnigen und eigenwilligen, ganz persönlichen Stil zu geben. Was sich ursprünglich auf die sportliche Fähigkeit bezog, mit dem Snow- oder Skateboard etwas Eigenes zu kreieren und anderen zeigen zu können, einen eigenen Sprung oder eine neue Sprungkombination, ist inzwischen zum gesellschaftlichen Normalfall geworden: In den 1960er Jahren war jeder ein Künstler. Heute ist jeder ein Freestyler. Jede etwas Eigenes. So lautet der Imperativ des Heute: Arbeite das Besondere deines eigenen Selbst heraus.[1]

Wenn ich am Rand der Skipiste wackelig auf meinen Ski stehe und (etwas neidisch) zuschaue, wie andere einen spektakulären Sprung nach dem anderen über die Schneerampe hinlegen oder wie „Freerunner" über Parkbänke und Mauern springen, wird mir deutlich, was Freestyle meint. Jahrelang habe ich in Italien meinen Kindern beim Parcours-Training zugeschaut, wie sie die Bewegungsfolgen für Backflips und Saltos geübt haben. Wer Jugendlichen beim Freestyle-Sport zuschaut, versteht sehr bald, dass sich im „Freestyle" physisches Können, persönlicher Ausdruck, bewusste Gestaltung, Individualität und Gruppenzugehörigkeit auf einzigartige Weise verbinden.

Mit dem Begriff „Freestyle Religion" übertrage ich nun das Bedürfnis nach etwas Eigenem auf den Bereich der

Religion: Menschen beginnen, ihre Religiosität zunehmend bewusster und in Anpassung an ihre eigenen Lebenslagen und Bedürfnisse als etwas Eigenes zu gestalten. Kein Wunder also, dass auch in anderen Bereichen (und auch in der Theologie) Freestyle zunehmend in den Blick gerät.

So heißen Freestyler in der neueren Wirtschaftssprache „Lead User". Das sind die Menschen von morgen, weil sie Bedürfnisse haben, die die breite Masse noch lange nicht hat und die darüber hinaus an Problemlösungen arbeiten, die kreativ auf solche Bedürfnisse antworten.[2]

In der theologischen Dogmatik wird so etwas nicht selten als Bastel-Mentalität und „Bastel-Religion" abgewertet. Freilich ohne die Nöte und die Sehnsüchte zu verstehen, die einen solchen selbstverantworteten religiösen Gestaltungsprozess motivieren und notwendig machen. Um was es mir im Folgenden geht, ist deshalb mehr und substanzieller als eine solche Bastel-Religion. Seine wirkliche Sprengkraft zeigt der Begriff „Freestyle Religion" erst, wenn wir ihn im Sinne von „religious Freestyle" verstehen, also nicht nur als eine weitere Religion, sondern als eine grundlegend neue Haltung der Religion und dem Religiösen gegenüber. Eine Haltung, die das übliche monotheistische Entweder-oder zugunsten eines additiven Sowohl-als-auch übersteigt. Das Substantiv „Religion" und die Substanz der Religion, der sich klare Zugehörigkeiten und Glaubensinhalte zuordnen ließen, lösen sich zunehmend in das Adjektiv „religiös" auf, dem diese Klarheit und Eindeutigkeit fehlen. Religionen lassen sich voneinander abgrenzen, religiös sein nicht mehr. So tun wir gut daran, nicht nach Religion, sondern nach religiös sein zu fragen, nicht nach Mystik, sondern nach dem Mystischen, nicht nach Spiritualität als einem abgegrenzten Bereich, sondern nach spirituellen Dimensionen, die sich einem Subjekt erschließen können.

3. Vom Zerbröseln institutionalisierter Religion

Die großen Epochenzäsuren lassen sich in der Regel an einzelnen Ereignissen festmachen: Das Ende des Kalten Krieges lässt sich mit dem Fall der Berliner Mauer eindeutig datieren, die Reformation mit Luthers Thesenanschlag 1517. Ganz gleich, wie viel historisierende Phantasie beim krachenden Anschlagen der 95 Thesen von Martin Luther an die Kirchentür der Wittenberger Schlosskirche mit im Spiel ist – am Ende hat jeder Hammerschlag zum Einsturz der mittelalterlichen Gesellschaftsordnung geführt. Die Situation, in der wir uns heute befinden, macht es uns da viel schwerer, ein aussagekräftiges Ereignis zu benennen, das uns das An-den-Rand-Drängen institutionalisierter Religion so veranschaulicht, wie es die Beschreibung des belgischen Theologen Bruno Latour tut: *„Als man merkte, dass das Kirchenschiff zu weit war, zog man sich auf die Kapelle zurück und überließ den Touristen die heiligen Stätten, die der Verwaltung historischer Baudenkmäler zufielen; dann fand man die Kapelle zu groß und flüchtete in die Krypta; als ihnen die Krypta zu weitläufig erschien, drängten sich die wenigen Verbliebenen in der Sakristei zusammen. Und morgen? Man wird sich in einem Besenschrank verstecken und nicht mehr hinauswagen."*[3]

Es ist nicht nur ein stiller Exodus aus der Kirche, der sich seit den 1960er Jahren vollzieht. Es ist eben mehr als nur das allmähliche Abschmelzen einer Großinstitution. Es geht vielmehr um das innere Abreißen einer Verbindung zwischen den Menschen und der Kirche als Institution. Es ist wie ein inneres Abhandenkommen, das in den meisten Fällen die Kirchenmitgliedschaft sogar einschließt. Man gehört formell noch zur Kirche, aber man hört nicht mehr hin, fühlt sich bei jedem Kontakt eher fremd als heimisch und versteht die Sprache, die dort gesprochen wird, immer weniger. Wie bei einem alten Ehepaar, das zwar noch im gleichen Haushalt lebt, aber lange schon innerlich ausgezogen ist.

Auf dem Etikett, das diesen Prozess beschreibt, steht Entkirchlichung und Enttraditionalisierung. Was innerhalb der Kirchenmauern gilt, gilt lange schon nicht mehr außerhalb. Was im kirchlichen Inner-Circle Common Sense ist, stößt außerhalb nur noch auf Kopfschütteln: eine kleine Party an Karfreitag, warum nicht? Halloween zu feiern, ist doch cool, oder? Tischgebete sind peinlich, für die Kinder ohnehin und Gästen sowieso nicht zumutbar. Das Problem daran: Auch den Inner-Circle gibt es vielerorts schon nicht mehr. Die einzigen, die Halloween nicht feiern, sind die Pfarrerskinder, die nicht kommen durften.

Um unsere Gegenwart und die Rolle der Religion darin zu verstehen, müssen wir die Geschichte erzählen, die zu dieser Gegenwart geführt hat. Bis vor Kurzem wurde diese Geschichte unter dem Stichwort der „Säkularisierung" erzählt. Ihre Kurzfassung besagt: In der ausdifferenzierten Moderne wird Religion überflüssig und verliert immer mehr an Bedeutung, bis sie schließlich gänzlich verschwindet. Betrachtet werden kann sie dann nur noch in den Glasvitrinen der historischen Museen. Die letzten Jahrzehnte haben jedoch gezeigt, dass sich das Sterben des bereits totgesagten Patienten Religion nicht nur in die Länge zieht, dass dieser vielmehr erstaunlich vital erscheint. Die Geschichte der Säkularisierung, also das Vorrücken von Wissenschaft und Technik und die Inbesitznahme von einst religiösen Bereichen, muss offenbar differenzierter und anders erzählt werden[4] – und zwar so, dass der Bedeutungsverlust institutionalisierter Religion (Kirchen) einerseits und der breitgefächerte Boom des Spirituellen anderseits gleichermaßen in den Blick kommen. Ob dieser Prozess als Verlust beschrieben werden muss oder als Chance der Religion, endlich nichts anderes sein zu müssen als Religion, bleibt dabei zunächst offen: *„Die Religion, die durch die Feuertaufe der Säkularisierung gegangen ist, weiß um die Grenzen der Religion, also um die Notwendigkeit der Selbstbegrenzung. Die Gesetze des Himmels und der Erde mit den Mitteln der Religion zu ergründen und zu verkünden: Das geht nicht! ... Die Kirche ist nun nicht mehr für alles zuständig, nur noch für Spiritualität und Religiosität."*[5]

Wie immer dieser Prozess bewertet wird – in jedem Fall kommt es zu erheblichen Verschiebungen und Verlagerungen. Und diese erdbebenartigen Verschiebungen sind es, die für die Großkirchen spürbar und immer deutlicher sichtbar werden.

Schauen wir diesen Prozess etwas genauer an, lassen sich mindestens fünf Aspekte ausmachen, die zu dieser Situation geführt haben und sie heute noch prägen.

3.1 Individualisierung eins und zwei

Zur Eigenart geschichtlicher Prozesse gehört es, dass in ihnen verborgene Spannungen und bisher zusammengehaltene Gegensätze erst im Laufe der Zeit deutlich hervortreten und möglicherweise auseinanderbrechen. Das spannungsvolle Beieinander von Religion und Individualität gehört zu diesen Phänomenen. Das Christentum hat sich, anders als das Judentum, zu dem es anfangs noch gehörte, immer an den Einzelnen gewandt. Ohne Ansehen von Herkunft, Sprache, religiöser Zugehörigkeit und Geschlecht galt die christliche Botschaft den Einzelnen, um aus diesen „Herausgerufenen" die „ecclesia", die Kirche, zu bilden. So war und ist noch immer die am Einzelnen vollzogene Taufe, die auf der individuellen Glaubensentscheidung (etwa bei der Konfirmation) beruht, zentrales Sakrament des christlichen Glaubens. In diesem Sinne ist christlicher Glaube Quelle von Individualisierung. Soziale und kulturelle Bindungen lässt der Einzelne hinter sich, um seiner individuellen Berufung zu folgen. Zugleich wird diese individuelle Entscheidung durch die Eingliederung in den Glauben der Glaubensgemeinschaft eindeutig begrenzt. Wer sich taufen lässt, bindet sich an den geteilten Glauben der anderen Getauften. So ist christliche Religion sowohl Quelle von Individualisierung als auch deren Gegenteil, nämlich die Beschränkung von Individualität. Der Soziologe Ulrich Beck nennt dieses Stadium Individualisierung eins: *„Individualisierung Eins meint Individualisierung in der Religion."*[6]

Martin Luthers reformatorisches Denken radikalisierte diese individuelle Freiheit des Einzelnen gegenüber der katholischen Amtskirche nachhaltig. *„Die ‚Erfindung' des eigenen Gottes bildet vielleicht das Herzstück der Revolution Luthers. Er ist es, dem das ‚Undenkbare', das ‚Ungeheuerliche', die ‚Häresie' gelingt, durch die Konstruktion der Gottunmittelbarkeit des Individuums in der Verbindung von dem ‚einen' und dem ‚eigenen Gott' die subjektive Glaubensfreiheit gegen die kirchliche Orthodoxie zu begründen."*[7]

Trotz der Loslösung des eigenen Gottes von der Amtskirche bleibt dieser jedoch an die christliche Überlieferung, sprich Bibel, gebunden: *„Der eigene Gott Luthers ist also keineswegs der ‚Bastel-Gott' des 21. Jahrhunderts, sondern der wörtliche Bibelgott, der sich in der Schrift offenbarende, eigne und einzige Gott. So paradox es klingen mag, der ‚eigene Gott' Luthers fällt zusammen mit dem einen Gott der Bibel."*[8]

Auch wenn der Soziologe Beck hier das Schriftverständnis Luthers reichlich stark verkürzt und nicht sieht, wie gerade bei Luther das Ankommen Gottes beim Menschen ein lebendiges Geschehen ist, das über den bloßen Buchstaben der Bibel weit hinausgeht,[9] bleibt festzuhalten: Die christliche Freiheit im Verständnis Luthers bewegt sich innerhalb der christlichen Überlieferung, vor allem in ihrem Bezug auf die Heilige Schrift.

Wie sich im Verlauf der weiteren Geschichte zeigen sollte, war damit aber noch nicht der letzte Schritt der Inanspruchnahme von Freiheit getan. Es folgte ein zweiter Individualisierungsschub: „Individualisierung Zwei". In diesem zweiten Schritt nehmen die Einzelnen nicht nur die Freiheit in Anspruch, innerhalb der christlichen Religion frei zu wählen, sondern auch wählen zu können, frei von Religion zu sein. Damit wird Religion eine Option, die man ergreifen kann, aber nicht muss. Zur einzigen Autorität wird damit die individuelle Autonomie, vor der bestehen muss, was Gültigkeit haben soll.

3.2 Kosmopolitische Konstellation

Religiosität wird im 21. Jahrhundert – anders als noch vor 100 Jahren – unausweichlich in einer „kosmopolitischen Konstellation" gelebt: immer ist man von Gläubigen anderer Religionen, von Nicht-Glaubenden und Anders-Religiösen umgeben. Religiöser Pluralismus wird somit zur Alltagserfahrung, die bis in die innersten Poren des Einzelnen eindringt. Denn allein die Präsenz der Anders-Glaubenden führt vor Augen, dass es durchaus die Möglichkeit gibt, anders und anderes zu glauben und auf andere Weise religiös zu sein. Die selbstgewählte religiöse Option wird damit ein Stück fragiler, weil es offensichtlich auch Alternativen zur eigenen Religiosität gäbe. Wie wir später noch sehen werden, kann Kosmopolitisierung positiv durchaus als Bereicherung der eigenen Religiosität erlebt werden und eine Kultur der Anerkennung anderer mit sich bringen. Die kosmopolitische Konstellation wirft in jedem Fall die Frage auf, wie mit dem Fremden und der eigenen Unsicherheit im Umgang mit ihm umzugehen ist. Längst haben sich religiöse Kulturen aus ihren Ursprungsländern gelöst und sind vor der eigenen Haustür, ja mehr noch: im eigenen Herzen angekommen.

3.3 Kulturalisierung

Immer wieder versuchen Soziologen durch Schlagworte die die Gegenwart bestimmenden Muster und Logiken auf einen Nenner zu bringen: die Risikogesellschaft, die Erlebnisgesellschaft usw. In der derzeitigen soziologischen Diskussion ist es nun Andreas Reckwitz, der mit seinem Versuch, Singularität als das Merkmal der Gegenwart zu beschreiben, viel Aufmerksamkeit auf sich gezogen hat. In seiner *Gesellschaft der Singularitäten* untersucht er das Streben spätmoderner Subjekte nach Selbstverwirklichung, Authentizität und Besonderheit. „*Sei etwas Besonderes*" ist nach Reckwitz der singularistische Imperativ der Spätmoderne. Obwohl die Suche nach Selbstentfaltung ja bereits seit den 1960er Jahren zum Inventar moderner Subjekte gehört, hat sich der Vorgang der Kulturalisierung, wie Reckwitz ihn nennt, nochmals intensiviert und auf praktisch alle Lebensbereiche ausgedehnt. War die Moderne zunächst durch Rationalisierungen geprägt,[10] die unter dem Gesichtspunkt der Effizienz das Problem der Knappheit behoben, so tritt in der Spätmoderne neben die Rationalisierung, die genormte Standardprodukte hervorbrachte, das Prinzip der Kulturalisierung. Kulturalisierung meint einen Bewertungsprozess (Valorisierung), in dem Objekte, Subjekte, Räume, Zeiten und Kollektive auf bestimmte Weise in ein soziales Raster eingeordnet werden; mit anderen Worten geht es darum, wie Dinge, Menschen, Zeiten und Orte mit einem kulturellen Wert versehen werden. Von Kultur können wir dort sprechen, wo etwas oder jemandem *gesellschaftlicher* Wert zu- oder abgeschrieben wird. Die einzelnen Subjekte sind dabei ständig auf der Suche nach etwas Besonderem, das sie emotional berührt. Was emotional berührt, gilt als wertvoll und authentisch und unterscheidet sich so von allem Standardmäßigem. *"Ein Nahrungsmittel oder eine Mahlzeit beispielsweise kann zum Gegenstand der Kulturalisierung werden, indem es über seinen Nutzen hinaus als Träger von Wert valorisiert wird (,gesund', ,originell', ,heilig' etc.) und affizierend wirkt (,erhebend', ,geschmackvoll', ,außergewöhnlich') ... Die Mahlzeit wird aus dem allgemeinen Katalog der Ernährungsweisen herausgehoben, sie entwickelt eine Eigenkomplexität und innere Dichte ..."*[11]

Nahrung dient so nicht nur dem Stillen eines Grundbedürfnisses, sondern wird geradezu sakral aufgeladen.[12] In fünf verschiedenen Hinsichten lassen sich Objekte, Subjekte, Orte, Zeiten und Kollektive als wertvoll qualifizieren. Sie können eine ästhetische, narrativ-hermeneutische, ethische, gestalterische oder ludische (spielerische) Qualität erhalten, wobei sie entweder einer Sinndimension oder einer sinnlichen Dimension zugeordnet werden können. Damit nun das einzelne Subjekt selbst zu etwas Besonderem werden kann, muss es sich möglichst viele dieser als dicht und eigenkomplex zu verstehenden Objekte durch Erfahrung aneignen. Verbunden ist damit die Hoffnung, dass durch den Umgang mit diesen einzigartigen Objekten deren Einzigartigkeit auf das Selbst abfärbt. *„Etwas gilt (nur dann) in der Welt, wenn es interessant und wertvoll ist, und das heißt: wenn es singulär ist, wenn es affektiv anspricht und authentisch scheint. Konsequenterweise erwartet das spätmoderne Subjekt diese Einzigartigkeit auch von den anderen Subjekten – und von sich selbst."*[13]

Nun sucht der Einzelne, der selbst einzigartig sein will, ja nicht allein nach dem Besonderen, das er sich aneignen könnte, vielmehr vollziehen sich diese Prozesse, angefeuert durch den Selbstverwirklichungsimperativ, auf einem ganzen Markt, auf dem um Sichtbarkeit und Anerkennung vor einem Publikum gekämpft wird: Singularität ist kompetitiv, geht es doch darum, von einem launischen und zerstreuten Publikum als einzigartig und authentisch bewertet und „gelikt" zu werden. Die digitalen Medien und Portale zwingen so zur Selbstinszenierung und Performance.

Obwohl nicht alle sozialen Schichten von diesem Phänomen betroffen sind – die sozial Schwachen kämpfen mit anderen Problemen wie unbezahlten Rechnungen und Lebensmittelbeschaffung –, erzeugen die hier beschriebenen Prozesse einen enormen Druck auf den Einzelnen, von dem auch sein Verhältnis zum Religiösen nicht unberührt bleiben kann. Wir werden darauf zurückkommen.

3.4 Entdogmatisierung

Darf man den regelmäßig durchgeführten Umfragen trauen, in denen nach der Zustimmung zu inhaltlichen Aussagen des christlichen Glaubens gefragt wird, nimmt der Abstand der Europäer zu den Lehren der Kirchen immer mehr zu. Einmal mehr zeigt sich, dass institutionalisierte Religion und individueller Glaube immer weiter auseinandertreten. *„Die individualisierten Gläubigen laufen wortwörtlich den alten Kirchenvätern und ihren Dogmen davon …"*[14]

In gewisser Weise wird damit die Spannung deutlich, die von Anfang an im Christentum bestand, denn der christliche Glaube zielte von Anfang an auf die individuelle Glaubensentscheidung des Einzelnen, obwohl sich der Einzelne mit diesem Schritt einem vorgegebenen Glaubenssystem unterordnete. In der Gegenwart wird diese Spannung nun zunehmend dahingehend aufgelöst, dass immer weniger dem vorgegebenen dogmatischen Inhalt zugestimmt wird. Vielmehr liegt der Fokus heute auf dem emotionalen und erfahrungsmäßigen Zugang: Ich glaube nur das, was ich selbst erlebt und erfahren habe. Die Konstruktion des „eigenen Gottes" ist vorläufig der Höhepunkt dieser Entwicklung, die darin besteht, dass *„sich der glaubende Mensch den ‚eigenen Gott' schafft, dessen Selbstoffenbarung dem ‚eigenen' Leben subjektive Gewissheit und Erlösung verspricht."*[15]

Das Stichwort der Entdogmatisierung beschreibt damit ein doppeltes Phänomen: Nicht nur entfernen sich die Glaubenden zum einen von den vorgegebenen Dogmen der Tradition und schaffen sich eigene Glaubenserzählungen. Darüber hinaus wird zum Zweiten der rationale Zugang zu den Inhalten der Tradition durch emotionale Erfahrung ersetzt. *„Grundlage der Individualisierung des Glaubens wird damit ein neuer Grundsatz, der sich so formulieren lässt: Es gibt in religiösen Fragen keine Wahrheit außer der persönlichen, die man sich selbst erarbeitet hat."*[16]

Die Wahrheit der Religion bindet sich somit an die eigene authentische Erfahrung, in deren Kessel die lediglich behauptete kirchliche Lehre verdampft. *„Die Vermittlung des christlichen Glaubens in den Formeln der Tradition hat ihre Haltbarkeitsgrenze überschritten."*[17]

3.5 Enttraditionalisierung

Die bisher in den Blick genommenen Phänomene ließen sich ebenso gut unter dem Stichwort der Enttraditionalisierung zusammenfassen: Das individualisierte Subjekt kehrt vorgegebenen Traditionen und Mustern den Rücken zu, um sich einen eigenen Weg zu suchen. Nicht das Ererbte, nicht die kulturellen und religiösen Kontexte, in die man hineingeboren wurde, tragen durchs Leben, sondern die durch eigene Erfahrung gedeckte und erarbeitete religiöse Identität. Dabei besteht immer auch die Möglichkeit, nur Teilbereiche für sich in Anspruch zu nehmen oder auch gar keine Form zu wählen. *„‚Enttraditionalisierung' meint: kollektive Religion zerfällt. Wie, in was? In all das, was in der Kirche zusammengebunden war: Riten, Lebensführung, Kollektividentität, Moral, subjektiver Glaube. Diese Komponenten verselbständigen sich und werden teilweise unabhängig voneinander organisiert, nachgefragt und individuell neu kombiniert."*[18]

Das große Leintuch der Religion, auf dem geboren und unter dem gestorben, an dem gegessen und geteilt, gemeinsam gesungen und gebetet, Fülle erlebt und Leere ertragen wurde, dieses große Leintuch hat die Spätmoderne in viele Einzelflicken zerschnitten, die nun denen zum Verkauf angeboten werden, die dafür Verwendung haben.

4. Die Kirchen auf der Suche nach einer neuen Rolle

Durch die beschriebenen Wandlungsprozesse hat sich auch die gesellschaftliche Verortung der Kirchen radikal verändert. Bereits durch die Reformation hatte nicht nur die katholische Kirche ihren exklusiven Heilsvermittlungsanspruch verloren. Im reformatorischen Verständnis war sie zwar als Rahmen individueller Frömmigkeit nach wie vor wichtig, denn in ihr wurde getauft, Abendmahl gefeiert und in der Predigt die Heilige Schrift ausgelegt. Doch ihre heilsnotwendige Funktion hatte sie verloren. Seitdem, so könnte man es etwas überspitzt formulieren, sucht sie nach ihrer Rolle. Ist sie Insider-Club für die Hochmotivierten? Servicestation für Trauungen und Beerdigungen? Anlaufstelle für alle, die beim Psychologen keinen Termin mehr bekommen haben? Wie immer sie sich versteht, sie tut sich schwer damit, ihre Führungsrolle, die sie einmal innehatte, abzugeben. Nicht selten fühlen sich auch ihre Repräsentanten und Angestellten als Opfer gesellschaftlicher Veränderungsprozesse und kämpfen innerlich mit ihrer neuen Verliererrolle.

Gibt es Alternativen zur jammernden Opferrolle? Wie könnte es den Kirchen gelingen, wieder zu fröhlichen Akteuren zu werden, die sich mit einem neuen Selbstverständnis als religiöse Akteure auf einem konkurrenzorientierten und wachsenden Religionsmarkt einbringen?

Möglicherweise beginnt eine Neuorientierung damit, dass die kirchlich Verantwortlichen sehen lernen, dass die oben beschriebenen Prozesse die Menschen heute dazu zwingen, eigenständige religiöse Wege einzuschlagen.

5. Sehnsucht und Notwendigkeit – „der eigene Gott"

Der Soziologe Ulrich Beck hat auf ein wichtiges Missverständnis hingewiesen, das im Zusammenhang mit dem Begriff der „Individualisierung" immer wieder auftaucht. Unstrittig ist auf jeden Fall, dass die gesellschaftlichen Umwälzungen zu dem geführt haben, was gemeinhin mit „Individualisierung" bezeichnet wird: Der Einzelne sucht sich seinen eigenen Weg durch das labyrinthische Wirrwarr der Möglichkeiten, Waren, Lebensentwürfe und Religionen. Was zunächst als positive Lust des Auswählens erscheint, entwickelt sich allerdings zunehmend als Last des Auswählen-Müssens. Individualisierung, so Beck, beschreibt eben nicht nur das freiwillige Wählen, sondern auch den Zwang zur Wahl. Wenn Lebensentwürfe und Rollen nicht mehr traditionell vorgegeben sind, muss man sich für eine Möglichkeit entscheiden und die entsprechenden Konsequenzen einer missglückten Wahl tragen. Der falsche Ehepartner und der falsche Beruf lassen sich nicht so einfach „verdauen" wie ein falsch gewähltes Abendmenu. Und auch wer nichts wählt, trifft eine Entscheidung, die Konsequenzen nach sich zieht. Kurz: Lust und Frust, Traum und Alptraum, Höhenflug und Absturz können sehr nah beieinanderliegen und sind zum Zeitpunkt der Wahl noch nicht voneinander zu unterscheiden.

Neuzeitliche Frömmigkeit, also das, was wir heute Spiritualität nennen, bekommt in dieser existentiellen Risikosituation ihre wichtigste Funktion: Sie soll Halt geben, den eingeschlagenen Weg bestätigen, die auseinanderdriftenden und nicht selten widersprüchlichen Lebensbereiche auf einen grundsätzlichen Lebenssinn zentrieren und nicht zuletzt Krisen abfedern. Damit Spiritualität diesen anspruchsvollen Anforderungen genügen kann, muss sie passgenau sein. Meine Spiritualität muss eben zu meinem Leben passen. Individualisierte Spiritualität ist nicht nur meine Spiritualität in dem Sinn, dass ich sie gewählt, arrangiert und zusammengebaut habe. Meine Spiritualität kann nur dann auch wirklich meine sein, wenn sie zu meiner Persönlichkeit, meinen Lebensbereichen und meiner Sinnsuche passt. Das Erntedankfest vereinigte im 19. Jahrhundert die agrarisch geprägte Dorfgemeinschaft. Weil jeder mindestens ein Schwein im Stall, ein Feld zu bestellen und eine Reihe von Obstbäumen hatte, entsprach der Dank für die eingebrachte Ernte den Lebensumständen der in den Kirchenbänken Sitzenden. Die meisten Hände, die sich zum Dankgebet an diesem Tag falteten, hatten die gleichen Schwielen und Risse vom Ausmisten, Graben und Melken.

Worauf ich hinauswill: Mit der Vervielfachung der Lebensentwürfe und den zunehmend in sich abgeschlossenen Lebensbereichen erreicht die traditionelle Religionsausübung nicht mehr alle. Am Abend hat jeder 500 Fernsehprogramme zur Auswahl. Und am Sonntagmorgen sollen alle den gleichen Gottesdienst feiern?

In einer ausdifferenzierten Gesellschaft müssen religiöse Menschen notwendigerweise ihre eigene Spiritualität formen, soll diese für sie tragfähig sein. So entspricht der Sehnsucht nach Religion, deren Bedeutung in einer säkularen Gesellschaft eben nicht abnimmt, sondern zunimmt, weil das Bedürfnis nach Risikoabfederung steigt, der Notwendigkeit, eine eigene Spiritualität zu formen. Last und Lust der Individualisierung spiegeln sich so in der Sehnsucht und der Notwendigkeit eigener Spiritualität.

Ich empfinde es zunehmend als unbarmherzig, wenn von kirchlicher Seite die – zugegebenermaßen oft erstaunlichen – Spiritualitäten unserer Zeitgenossen verunglimpft werden. Wer die Not sieht, die sich hinter diesen Formen verbirgt, wird mit Sicherheit sehr viel behutsamer darüber urteilen und sprechen. Einen Ertrinkenden wird man wohl kaum auf seinen ungenügenden Schwimmstil hinweisen.

Wie eine solche zeitgenössische Spiritualität konkret aussehen könnte, darauf werfen wir anhand eines konkreten Beispiels im nächsten Abschnitt einen genaueren Blick – auch um zu sehen, ob dieses tatsächlich zu einer sinnvollen und tragfähigen Spiritualität führt.

6. „Urban mystix"

Die Kieler Theologieprofessorin Sabine Bobert hat eine postmoderne Spiritualität für „Stadteremiten" entworfen. Unter dem Label *„urban mystix"* versucht sie einen zeitgemäßen Frömmigkeitsstil zu beschreiben. Mit Hilfe eines „mentalen Wendepunkts" (MTP – Mental Turning Point), der sich in drei Übungen vollzieht, möchte sie

„*Klosterübungen im Westentaschenformat*" anbieten, für die es kein abgeschiedenes Kloster braucht. Vielmehr wird der Alltag zum Übungsfeld. Die drei praktischen Übungen vollziehen sich auf den drei Ebenen, die menschliches Leben ausmachen: auf der Gefühls-, Willens- und Denkebene. Damit der Einzelne spürt, dass er autonom und selbstbestimmt handeln kann, schlägt Sabine Bobert vor, eine zweckfreie Handlung mehrmals täglich auszuführen. So kann ich erfahren, dass ich nicht ganz im z. T. fremdbestimmten Alltagsgefüge untergehe, sondern für einen kurzen Moment aussteige und tue, was ich will. Auf der Gefühlsebene geht es darum, durch bildliche Vorstellungen positive Gefühle wie Liebe oder Frieden hervorzurufen. Eine bildliche Szenerie verbindet sich mit einem Gefühl, das durch eine Imagination jeder Zeit aufgerufen werden kann. Die eigenen Gedanken werden durch ein einfaches und wiederkehrendes Mantra gezügelt und auf Wesentliches gelenkt. Durch diese drei Übungen kann der Einzelne, so Bobert, in Stufen zur Selbsterkenntnis gelangen.

Wie ist diese Spiritualität einzuordnen? Was leistet sie und was fehlt? Mir scheint, dass die von Sabine Bobert verwendete Sprache ihre Intentionen am besten spiegelt. Ich zitiere einige Stellen und kommentiere diese kurz.

„*Sie können die Leistungsfähigkeit Ihres Gehirns durch MTP-Techniken nachhaltiger steigern als durch chemische Unterstützung und die Dauer-Abhängigkeit von Medikamenten*"[19] (25).

Offenbar geht es bei dieser Form der Spiritualität um Leistungssteigerung. Lieber meditieren als Medikamente nehmen. Ist das die Alternative? Es verwundert deshalb auch nicht, dass die Autorin von Erfolg spricht: „*Erst wenn*

Sie die Willens-Übung längere Zeit mit der Haltung einer liebevollen Selbstwahrnehmung geübt haben, können Sie damit beginnen, erfolgsorientiert zu üben." Wohin führt dieser Erfolg? Begrüßt den Erfolgreichen am Ende der Stufenleiter Gott selbst?

„Die Gefühls-Übung befähigt Menschen zur selbständigen Krisenbewältigung" (53).
Das moderne Subjekt ist krisenanfällig. Diese Spiritualität verspricht Krisenbewältigung. Damit passt sie genau in die Bedarfsliste des spätmodernen Menschen. Offenbar findet der Übende dann alles in sich selbst.

„Die Autonomie über die eigenen Gefühle ist eine befreiende Machterfahrung" (67).
Wie viel Religion steckt noch in einer solchen Spiritualität, wenn wir Religion im weitesten Sinne als Bezug auf etwas, das außerhalb unserer selbst zu finden ist, verstehen?

„Jeder spirituelle Weg kann zum Ego-Trip werden" (80).
Richtig. Was genau unterscheidet diese Spiritualität von einem Ego-Trip? Weist sie den Weg in die Gemeinschaft, zu anderen, zu Verantwortung und Engagement oder kreist sie vor allem um sich selbst? So überrascht es nicht, dass es am Ende heißt:

„Das große Ziel ist: eine ununterbrochene klare Selbstbewusstheit für unser eigenes Bewusstsein in seinen Hauptkräften: Wollen, Fühlen, Denken. Erst der in dieser Form selbstbewusste Mensch lebt wirklich autonom" (165).
Ist das eine angemessene „Zielvorgabe" für eine Spiritualität? Ist es das, was gelebte Religion ausmacht?

Meine kritischen Anmerkungen dürften hinreichend deutlich gemacht haben, dass ich mit der von Sabine Bobert skizzierten Spiritualität meine Mühe habe. Nicht, dass etliche ihrer Einsichten nicht sinnvoll und tragfähig wären, aber das Gesamtbild, das sie entwirft, könnte einer „Ego-Spiritualität" näherstehen als dem, was Spiritualität im substanziellen Sinne sein könnte – oder sein sollte. Urban mystix ist das, was man als säkulare Spiritualität bezeichnen könnte, weil es in ihr keinen Bezug mehr gibt zu etwas, was außerhalb der Eigenkräfte des Menschen liegt. Spiritualität wird in dieser säkularen Variante zu nichts anderem als zu einem Mittel, die eigenen Ressourcen zu stärken.

Welche Dimensionen fehlen hier? Oder grundsätzlicher gefragt: Welche Dimensionen braucht Spiritualität, damit sie tragfähig und substanziell ist? Wie und woher lassen sich solche Dimensionen gewinnen? Offenbar gibt es ja verschiedenste Formen von Spiritualität, die nicht alle gleichermaßen vieldimensional sind, sondern nur bestimmte Teilaspekte verwirklichen. Welche Dimensionen braucht eine Spiritualität, damit sie mehr ist als nur das Selbstgespräch des Menschen mit sich selbst und ein Programm zur Selbstoptimierung?

7. Von den Versuchungen der Spiritualität

Ein Blick in die Versuchungsgeschichte Jesu kann den Blick für unsere Suche schärfen. Anders, als es sonst üblich ist, möchte ich diese Geschichte nicht als eine Begebenheit im Leben Jesu lesen, sondern als exemplarische Geschichte über die Gefährdungen spirituellen Lebens. Nach der

Taufe, so heißt es bei Markus, Lukas und Matthäus, führt der Geist Jesus in die Wüste. Das christliche Leben muss sich nach der Taufe bewähren. Der Geist Gottes muss in den Auseinandersetzungen des Alltags erkennbar bleiben – als Kraft des Widerstandes gegen das Abrutschen des Spirituellen. Welche Gefährdungen lassen sich für den gelebten Glauben erkennen?

Jesus wird vom Versucher für 40 Tage und 40 Nächte in die Wüste geführt – eine symbolische Zahl und Zeit, die andeuten: Es ist ein langer Zeitraum, den Jesus fastend und betend in der Wüste verbringt. Über bestimmte Zeiträume hinweg schaffen wir es gut, zu widerstehen und gefasste Entscheidungen durchzuhalten, vielleicht sogar auf gute Weise spirituell zu sein. Die Versuchungsgeschichte weiß aber um die gefährlichen Momente, die nicht sofort, sondern erst nach einer Weile auftreten. Wenn wir etwas Neues beginnen, sind wir ja besonders am Anfang aufmerksam und achtsam; nach dieser ersten Phase stellt sich Gewöhnung ein. Die Sache läuft, denken wir, und je länger, desto mehr lässt unsere Aufmerksamkeit nach. Wir fühlen uns sicher. In genau diesem Moment tritt der Versucher auf, fangen die einflüsternden, versuchenden Stimmen zu sprechen an. Sie flüstern und wispern, sie schreien und dröhnen, sind aus dem Kopf nicht wegzubekommen. Wie Ohrwürmer dringen sie in Jesus ein und fordern ihn heraus. Immer wieder der gleiche Satz: „Bist du Gottes Sohn, dann handle ..." Die Stimmen stellen in Frage, lassen zweifeln und bieten verführerische Alternativen an.

In der ersten Gefährdung fordert der Versucher Jesus auf, Steine in Brot zu verwandeln. Natürlich geht es nicht nur ums Brot. Es geht um das Angewiesen-Bleiben auf etwas, das nicht in meiner Macht steht. Magie ist der Versuch, das Unverfügbare in die eigene Machtsphäre zu bringen. Der Mensch lebt nicht vom Brot allein, sondern aus jedem Wort, das Gott spricht, antwortet Jesus. Nicht ich selbst spreche mir die lösenden, befreienden und nährenden Worte zu, sondern ich lasse mir diese Worte sagen. Weil diese Worte eben nicht meine eigenen sind, sind sie für denjenigen, der selbst alles sein will, ärgerlich. Spiritualität aber, gelebter Glaube, braucht die anderen, die das Gotteswort an mich weitergeben, und braucht Gott, der dieses Wort spricht. Nicht ich schaffe mir meine eigene Tradition, sondern ich tauche in die Worte anderer ein und lasse sie mir gesagt sein. Deshalb besteht die Antwort Jesu jeweils aus einem Zitat aus dem Alten Testament. Ich gestehe mir ein, nicht mein eigener Grund zu sein. Ich bleibe auf andere angewiesen, bin eingewoben in Gemeinschaft und in Gott, der mich anspricht und freispricht vom Wahn, selbstmächtig zu sein. Weil ich nicht selbstmächtig bin, brauche ich Gott und die anderen.

Die zweite Versuchung: Die dämonischen Stimmen werden immer bedrohlicher und schärfer und führen Jesus auf einen hohen Berg: Wenn du Gottes Sohn bist, spring! Gott wird dich tragen. Jesus soll Gott herausfordern, ein sichtbares und unzweifelhaftes Zeugnis seiner Macht abzulegen und ihn im Flug aufzufangen – entweder selbst oder auch durch ein ganzes Engelsheer. Was für eine kindliche Vorstellung. Und doch: Wir sind in der Gefahr, Gott zwingen zu wollen, in unsere Logik zwingen zu wollen. Wir stehen nicht nur in der Gefahr, selbstmächtig sein zu wollen, sondern uns auch Gottes zu bemächtigen. Gott in der Hand zu haben, das wäre das höchste aller Gefühle. Ich springe und zwinge Gott zum Eingreifen. Spiritualität lebt nicht selten von der Sehnsucht, sich Gottes bemächtigen zu können und so die Unverfügbarkeit Gottes unter Kontrolle zu haben. Ich bestimme, wann und wie Gott handelt.

In der dritten Versuchung wird die Stimme des Versuchers immer leiser, immer verführerischer. Immer höher geht es hinauf, jetzt, am höchsten Punkt, lässt sich alles übersehen: Schau, sagt der Versucher zu Jesus: alles deins. Du kannst über allem stehen, kannst vollkommen unabhängig und allmächtig sein. Die dritte Versuchung fasst die beiden anderen Versuchungen zusammen und setzt ihr zugleich die Krone auf. Der Versucher sagt: Alles gehört dir, wenn du bereit bist, mir zu dienen. Vielleicht könnte man sogar sagen: Die eigene innere Stimme sagt: alles deins, wenn du bereit bist, nur dir selbst zu dienen. Die eigene Spiritualität im Dienst des Ego, der eigenen Interessen, der eigenen Selbstüberhebung und der eigenen Allmachtsphantasien.

Spiritualität ist gefährlich und gefährdet. Wie kommen wir nur darauf, zu meinen, menschliche Religiosität sei irrtumsfrei und vorm Abrutschen ins Unsinnige gefeit. Der Theologe Matthias Kroeger hat – bei aller Hochschätzung menschlicher Suche nach Gott – auf diese Gefahr immer wieder eindringlich hingewiesen: Spiritualität ist nicht von sich aus unfehlbar.[20] Die häufigsten Gefährdungen von Spiritualität lassen sich im Anschluss an die Versuchungsgeschichte vielleicht auf folgende drei Kurzformeln bringen:

Spiritualität ja, Religion nein – eine religionsfreie Spiritualität
Religion steht hier für den Bezug auf ein Zeichensystem, das ich als Einzelner nicht geschaffen habe, sondern in das ich mich hineinstelle. Religion ist ein unverfüg-

bares Kommunikationsgeschehen, das sich in Liturgien und Glaubenstraditionen vollzieht, die ich nicht bestimmen und beeinflussen kann. Wer Religion in diesem Sinne ablehnt, meint, dass nichts gilt, das ich nicht selbst erschaffen habe.

Spiritualität ja, Gemeinschaft nein –
eine ich-zentrierte Spiritualität
Gemeinschaft meint in diesem Zusammenhang das Bezogensein auf andere. *„In seiner religiösen Welterfahrung ist der Mensch niemals allein."*[21] Religiöses Erleben bleibt trotz seiner individuellen Färbung dennoch gebunden an die Erfahrungen anderer. Sonst wären solche Erfahrungen ja auch gar nicht mitteilbar. Wo religiöse Erfahrungen sich nicht mehr mit anderen teilen lassen, bekommen sie dämonische Züge.

Spiritualität ja, Gott nein – eine transzendenzfreie Spiritualität
Die dritte Formel bezieht sich darauf, dass nicht wenige Spiritualitäten ohne „Gott" auskommen, also ohne einen Bezug auf etwas, das das Individuum transzendiert. Johann Baptist Metz nennt eine solche Spiritualität sehr treffend eine *„religionsfreundliche Gottlosigkeit"*. Eine solche kreist nur um den Einzelnen und hat keine universale Dimension mehr.

II.
Wunderbares Wirken über mich hinaus – Religion und Spiritualität

1. Tragfähig und gelungen spirituell sein – was braucht gute Spiritualität?

Damit stehen wir bei einer der interessantesten Fragen im Hinblick auf das Spirituelle: Gibt es richtige und falsche, gute und schlechte, vollständige und unvollständige Spiritualität?[22] Oder anders gesagt: Lässt sich eindeutig bestimmen, welche Qualitäten und Eigenschaften Spiritualität haben muss, um wirklich Spiritualität zu sein, und was wäre der Gegenbegriff dazu? Und daran schließt sich sogleich die zweite Frage an: Woher kommen die Kriterien dafür und wer stellt diese auf? Gibt es im Hinblick auf Spiritualität so etwas wie anerkannte Autoritäten, die bestimmen, was Spiritualität ist und was nicht? Denn die Zeiten sind ja längst vorbei, in denen autoritär über richtig und falsch in der Religion bestimmt werden konnte. Allein diese Fragestellung scheint unmodern zu sein, denn längst haben wir uns daran gewöhnt, individuelle Sinn- und Glücks- und Transzendenzsuche aus dem öffentlichen und wissenschaftlichen Diskurs zu verbannen und auch die Bedingungen gelungenen Lebens nicht mehr öffentlich zu thematisieren.

„Es ist die Ausgangsthese dieses Buches, dass die Privatisierung der Frage nach dem guten Leben dazu geführt hat, dass jene Frage im gesellschaftlichen Diskurs nahezu tabuisiert wurde: Was

ein gutes Leben ist, muss jeder für sich selbst entscheiden, lautet die Binsenweisheit, die zur Leitmaxime selbst der Erziehungsinstitutionen wurde, und diese Tabuisierung hat zwei problematische Konsequenzen: Erstens, die alltägliche wie die längerfristig angelegte Lebensführung der Subjekte richtet sich in der Moderne in immer stärkerem Ausmaß auf die Sicherung und Verbesserung der Ressourcenlage ... Damit sind wir aber schon bei der zweiten Konsequenz: Da uns individuell und kulturell keine Gestalt gelingenden Lebens mehr vor Augen steht, verfügen wir auch über kein Instrumentarium, das uns bestimmten hilft, welche sozialen Kontextbedingungen möglicherweise die Realisierung eines gelingenden Lebens untergraben könnten ..."[23]

Damit sind bereits die größten Hindernisse, denen auch die Suche nach Formen gelungener Spiritualität gegenübersteht, benannt: Wir richten den Blick zu sehr auf Ressourcen (Geld, Konsumartikel, Erlebnisse), die wir uns einverleiben können, und haben ein verkürztes Verständnis von Autonomie, das nicht mehr in soziale Kontexte eingebunden ist, weshalb der Diskurs über diese Fragen in eine abgekapselte Privatsphäre abgeschoben wird. Obwohl viele Grenzen und Werte sich inzwischen verflüssigt haben, ist der Psychologe Dietmar Hansch davon überzeugt, dass dennoch nicht alles gleichermaßen relativ sein muss: *„Zentrale Fragen der menschlichen Existenz sind: Was ist wie weit gültig? Gibt es so etwas wie Wahrheit? Wie universell sind Werte? ...*

Im Zuge der Zersplitterung der Weltbilder mit dem Aufkommen der Postmoderne hat sich alles Feststehende verflüssigt, wurde alles ehedem Gültige desavouiert, relativiert und zerredet ... Ein lauwarmer Relativismus machte sich breit: Wenn nichts mehr wirklich gilt, dann gilt irgendwie alles ... Es gibt nichts wirklich Absolutes, aber es ist auch nicht alles gleich relativ."[24]

Dabei lassen sich durchaus allgemeine Maßstäbe benennen, die uns bei der Suche nach Wahrheit und Orientierung einen Rahmen geben könnten. Mit seinem Ansatz „*relativer Wahrheit*" gelingt es dem Mediziner und Psychologen Dietmar Hansch, vier Kriterien zur Wahrheitsfindung auszumachen, die alle vier jeweils anzuwenden sind. Als Erstes nennt Hansch *Korrespondenz*, bei der es darum geht, die vorhandenen Sinnesdaten in Übereinstimmung zu bringen. Sodann geht es um *Konsistenz*: Das Verstandene sollte frei von Widersprüchen sein und eine innere Stimmigkeit aufweisen. *Nützlichkeit* oder vielleicht Dienlichkeit beschreibt den praktischen Nutzen der gewonnenen Erkenntnisse, so dass sich das Subjekt dazu in Beziehung setzen kann. Als Letztes nennt Hansch *Konsens*: Wenn das Erkannte von möglichst vielen anerkannt wird, steigt die Wahrscheinlichkeit, dass es sich um etwas Grundlegendes handelt. Zudem dürfen die soziale Verstärkung von Einsichten und die Kommunikation darüber nicht unterschätzt werden.

Wie gesagt: Keines der vier Kriterien allein ist hinreichend, und doch erhöhen sie im Miteinander die Wahrscheinlichkeit, es mit etwas Wesentlichem oder Wahrem zu tun zu haben. Was für wissenschaftliche Einsichten gilt, sollte auch für existenzielle Haltungen gelten: Es gibt Parameter, die erste Hinweise darauf liefern, ob eine Lebensorientierung angemessen ist, also der Realität und dem Subjekt in seiner Verfasstheit gerecht wird. Um es an dieser Stelle bereits vorwegzunehmen: Ich bin davon überzeugt, dass es möglich ist, sinnvolle Kriterien auch für das Spirituelle zu benennen – nicht autoritär von außen, wohl aber aus der Sache selbst. Was immer zwischen Himmel und Erde existiert, lässt sich sinnvoll bestimmen und von anderem abgrenzen: Äpfel sind keine Birnen – und umgekehrt. Weil Spiritualität und Egotrip nicht das Gleiche sind, sollten wir auch den Mut haben, das eine vom anderen zu unterscheiden.

Wie aber lässt sich beim Begriff des Spirituellen so ansetzen, dass evident und nachvollziehbar ist, wie es zu solchen Qualitäts- und Eigenschaftsbeschreibungen kommt? Um nicht ins doktrinäre Fahrwasser alter Zeiten zu geraten, sind Wertungen im Sinne von richtig oder falsch auf jeden Fall zu vermeiden. Geeignet scheinen mir vielmehr die Begriffe der Tragfähigkeit und des Gelingens zu sein, die sich graduell abstufen lassen. Ob und wie viel eine Brücke trägt, zeigt sich, wenn sie benutzt und belastet wird. Fehlt es ihr an hinreichender Belastungsfähigkeit, bricht sie zusammen. Spreche ich von tragfähiger Spiritualität, deute ich an, dass Spiritualität in Lebenszusammenhänge eingebunden ist, die bestimmten Belastungen und Bedingungen ausgesetzt sind. Alle religiösen und spirituellen Vollzüge lassen sich als Lebensphänomene und menschliche Lebensäußerungen verstehen. Damit unterliegen sie ebenso wie andere solcher Phänomene, etwa Glücks- oder Sinnsuche, Beziehungsfähigkeit und Gesundheit, den physiologischen, psychologischen und sozialen Bedingtheiten und Bedingungen menschlichen Lebens. Das Spirituelle bildet in dieser Hinsicht keine Ausnahme, sondern ist ein Teil menschlichen Orientierungswissens.

Religion und Spirituelles sind eine Art und Weise der *„Welt- und Selbstverarbeitung"*. In allen Lebensvollzügen geht es darum, wie ein Subjekt mit sich selbst und der ihm begegnenden Weltwirklichkeit umgeht. Das Religiöse nimmt dafür die Bezugsgröße Gott in Anspruch. *„Seit ältesten Zeiten erkennt sich der Mensch im Gegenlicht Gottes ... Ein wesent-*

liches Moment religiöser und philosophischer Theologien zielt somit auf die Anleitung zur Selbsterkenntnis. Sie hat als eine vorrangige Leistung der Gegenwart des Göttlichen zu gelten. Und der Abstand zwischen dem Maß und dem Vermessenen macht es zu einer geradezu natürlichen Folge, daß die menschliche Selbsterkenntnis in der absoluten Helligkeit Gottes selbstkritisch ausfällt."[25] Der religiöse Mensch sucht sich im „Gegenlicht Gottes" selbstkritisch zu verstehen und bezieht dabei auch die widersprüchliche und widrige Weltwirklichkeit mit ein. Denn ein „weltloser" und realitätsferner Glaube würde das in leiblichen Lebensvollzügen verwobene Subjekt auf einen punktförmigen Geist reduzieren. *„Wenn es zur Begegnung zwischen Gott und Mensch kommen können soll, muss sie dort stattfinden, wo der Mensch ist; das kann nur unter den jeweils vorgefundenen mundanen Bedingungen sein. Also ist auch der Glaube wesentlich auf die Konditionen des Lebens bezogen ..."*[26]

Religion würde keinen Sinn ergeben, wenn sie keinen hilfreichen Beitrag zur Selbst- und Weltbezogenheit des Menschen leisten könnte. *„Im alltäglichen Leben muss jeder wissen, dass es ohne eigenen Beitrag nicht geht. Sobald er das aber weiß, weiß er auch, dass er sich nicht alles selbst verdankt. Und will einer unter diesen Bedingungen etwas erreichen, was er nach eigener Einsicht für richtig und für möglich hält, muss ihm klar sein, dass es dazu nur kommen kann, wenn die Umstände günstig sind. Damit ist er weit über das hinaus, was er wissen kann – erst recht über das, was er aus eigener Kraft vermag. Also vertraut er auf das Ganze seiner Welt, der er sich ganz zu überantworten hat, sofern er in ihr zum Ziel gelangen will. So verlässt er sich als Ganzer auf ein Ganzes, über das er nicht verfügt. Er vertraut auf etwas, auf dessen Gunst er nur hoffen kann ...*

Jeder muss zu seiner eigenen Korrespondenz von Selbst und Welt, vom Ganzen in ihm und vom Ganzen außer ihm finden."[27]

Stimmen die hier angestellten Überlegungen über das Ineinander von Gott, Welt und Selbst, lassen sich drei Achsen ausmachen, die diesen Beziehungen entsprechen: Alles Spirituelle lässt sich draufhin befragen, in welcher Weise es sich auf die Realität, auf das Subjekt und das Transzendente bezieht. So hat alles Spirituelle einen objektiven, einen subjektiven und einen transzendenten Aspekt. Zu fragen ist demnach, inwieweit bestimmte Formen des Spirituellen diesen drei Aspekten hinreichend entsprechen und demnach als gelungen bezeichnet werden können. Der Begriff des Gelingens schließt eine angemessene Wahrnehmung und Kohärenz dieser drei Dimensionen ein, so dass ich mich als Subjekt auf dieser Grundlage verhalten kann.

Vibrierender Draht zum Leben

Neue Modelle in Psychologie und Soziologie zeigen recht anschaulich, wie sich die Wahrscheinlichkeiten und Bedingungen gelingender oder misslingender „Weltbeziehungen" bestimmen lassen. Ich veranschauliche dies an drei neueren Entwürfen und nehme dafür den Begriff des Gelingens, wie ihn Hartmut Rosa in seiner Resonanztheorie entwickelt hat, auf. Es ist das Verdienst Rosas, die zentrale Frage nach den Bedingungen des guten Lebens wieder zum Gegenstand soziologischer Forschung gemacht zu haben. „*Die zentrale Frage, was ein gutes Leben von einem weniger guten Leben unterscheidet, lässt sich dann übersetzen in die Frage nach dem Unterschied zwischen gelingenden und misslingenden Weltbeziehungen.*"[28]

Nach Rosa kommt es also darauf an, wie wir unsere horizontalen (soziales Miteinander), vertikalen (Transzendenzbezug) und diagonalen (Umgang mit Dingen) Beziehungen („*Resonanzachsen*") gestalten. Grundlegend ist für alle diese Bereiche das, was Rosa „Resonanz" nennt, ein schwingender Austausch: „*Ob Leben gelingt oder misslingt, hängt davon ab, auf welche Weise Welt (passiv) erfahren und (aktiv) angeeignet oder anverwandelt wird und werden kann.*"[29] Damit Menschen einen „*vibrierenden Draht*" zum Leben haben, brauchen sie in den genannten drei Bereichen Erfahrungen der Selbstwirksamkeit (ich kann andere mit meinen Anliegen und meinem Einsatz erreichen und etwas bewegen) und Erfahrungen des „Berührtwerdens" (ich lasse mich von anderen „berühren", also bewegen; die anderen sind mir nicht gleichgültig). Mithilfe dieser Doppelbewegung des „Berührens und Berührt-Werdens" oder des „Selbst-in-Schwingung-versetzt-Werdens" und des „Andere-in-Schwingung-Versetzens" bestimmt Rosa das Hauptkriterium für gelungenes Leben. Nur wo diese beiden Pole einander durchdringen, wird Leben als lebens- und liebenswert erfahren. Wer sein Leben nur aktiv oder nur passiv führt, wird mit hoher Wahrscheinlichkeit keine befriedigenden Resonanzerfahrungen machen können.

Sinnerfüllung

Auch in den neueren Forschungen der Psychologie zum Thema Lebenssinn zeichnet sich ein deutliches Bild dessen ab, was es braucht, damit Menschen ihr Leben als sinnerfüllt erleben. So nennt die Sinnforscherin Tatjana Schnell vier formale Kriterien für das Erfahren von Sinnerfüllung. Als Erstes nennt sie Kohärenz: „*Kohärenz steht für die Wahrnehmung von Stimmigkeit, Schlüssigkeit und Pas-*

sung in verschiedensten Lebensbereichen."[30] Grundlegend für die Erfahrung von Lebenssinn ist, dass die unterschiedlichen Lebensbereiche, in denen man agiert, miteinander harmonieren: Ökologisches Engagement und das Interesse für Formel 1 passen nicht gut zusammen. Als Zweites geht es um die Erfahrung von Bedeutsamkeit; das eigene Handeln muss als bedeutsam erlebt werden. Wie wir bereits gesehen hatten, nennt Hartmut Rosa eben diese Erfahrung Selbstwirksamkeit. Als Drittes spricht T. Schnell von Orientierung: „*Orientierung meint die inhaltliche Ausrichtung des eigenen Lebenswegs, die auch in unübersichtlichen Situationen bestehen bleibt.*"[31] Nur wer sich an einem Ziel oder einem Ideal ausrichtet, bewältigt auch schwierige Situationen. Als Letztes ist noch Zugehörigkeit zu nennen: „*Zugehörigkeit steht für die Selbstwahrnehmung als Teil eines größeren Ganzen.*"[32] Wer sich einer Gruppe zugehörig fühlt, wird Verantwortung übernehmen und auch das Gefühl des Gebrauchtwerdens haben.

Diese vier Kriterien beschreiben – ähnlich wie das doppelte Resonanzphänomen bei Rosa – notwendige Bedingungen für das Erleben von Sinnhaftigkeit. Wo die Erfahrungen von Kohärenz, Bedeutsamkeit, Orientierung und Zugehörigkeit fehlen, wird das eigene Leben eher unwahrscheinlich als sinnerfüllt erlebt.

Handwerk

Der amerikanische Soziologe Richard Sennett erkundet in seinem Buch *Handwerk* die besondere Beziehung, die Handwerker beim Umgang mit Materialien einnehmen. Dabei geht es ihm vor allem darum, zu beschreiben, wie handwerkliche Fertigkeiten oder handwerkliche

Orientierung auf ein menschliches Grundbestreben ausgerichtet sind, nämlich: *"... den Wunsch, eine Arbeit um ihrer selbst willen gut zu machen ... Auf all diesen Gebieten konzentriert sich das handwerkliche Können auf objektive Maßstäbe, auf die Dinge also als solche."*[33] Gelungene Arbeit bezieht sich aber eben nicht nur auf die Dinge, sondern wirkt auf das Subjekt selbst zurück. *"Handwerkliches Können hält zwei emotionale Belohnungen für den Erwerb von Fähigkeiten bereit: eine Verankerung in der greifbaren Realität und Stolz auf die eigene Arbeit."*[34] Der handwerkliche Umgang mit der Welt im weitesten Sinn beschreibt somit eine grundlegende Dimension von gelungener Weltbeziehung und objektiver Selbstwirksamkeitserfahrung. Gerade im Umgang mit Materialien und Dingen erlebt der Mensch sich selbst. Je mehr er sich auf die Dinge einlässt, desto stärker wirken sie auf ihn zurück.

Ohne den religiös-spirituellen Bereich bisher überhaupt gestreift zu haben, zeigen die Überlegungen von Hartmut Rosa, Tatjana Schnell und Richard Sennett, dass sich basale Bedingungen für die Tragfähigkeit und das Gelingen von Beziehungen in vertikaler, horizontaler und diagonaler Hinsicht bestimmen lassen. Trotz aller individuellen und autonomen Selbstbestimmung des Einzelnen lassen sich sehr wohl Rahmenbedingungen angeben, innerhalb derer gelungene Individualität mit größerer Wahrscheinlichkeit gelingt.

Damit müssten sich auch Hinweise auf Kriterien des Spirituellen zeigen. Um solche Kriterien genauer zu bestimmen, verwende ich das von Friedemann Schulz von Thun entwickelte Wertequadrat, das zugleich ein lebensphilosophisches Gleichgewichtsquadrat ist.[35] Schulz von Thun geht in seinem Kommunikationsmodell davon aus, dass jede positive Haltung (oder jede Tugend) so übertrieben werden kann, dass sie in eine Hypertugend, also in eine über das Ziel hinausschießende (Un-)Tugend, kippt. So kann etwa Sparsamkeit, wenn sie übertrieben wird, in Geiz umschlagen. Deshalb stellt Schulz von Thun jeder Tugend eine sie im Gleichgewicht haltende Schwestertugend zur Seite. Die Schwestertugend zu Sparsamkeit wäre Großzügigkeit. Der negative Hyperwert zu Großzügigkeit ist Verschwendung.

Schauen wir uns nun mit diesem Wissen die drei Dimensionen von Spiritualität im Einzelnen genauer an.

1.1 Trägt spirituell sein der Realität Rechnung?

Wer von seinem Goldfisch emotionale Zuwendung erwartet, dürfte enttäuscht werden, weil ein Goldfisch zu Gefühlsäußerungen nicht oder nur sehr fragmentarisch in der Lage ist. Spiritualität muss einen sinnvollen und nachvollziehbaren Umgang mit der Realität aufweisen. Die Voraussetzung dafür könnte man als nüchterne Realitätswahrnehmung bezeichnen. Wird der Realitätssinn in sein Extrem getrieben, verwandelt er sich in Fatalismus, Schicksalsgläubigkeit und Determinismus. Positiv begrenzt wird Realitätssinn von der Wahrnehmung von Spielräumen in der Realität. Es ist nicht alles festgelegt, sehr wohl gibt es Spielräume, mit dem Gegebenen auf unterschiedliche Weise umzugehen. Wird die Wahrnehmung von Spielräumen wiederum in ihr Extrem getrieben, schlägt sie in Illusion, Weltflucht und Weltleugnung um.

Das Werte- bzw. Gleichgewichtsquadrat für diesen Bereich sieht dann so aus:

Grafik 1

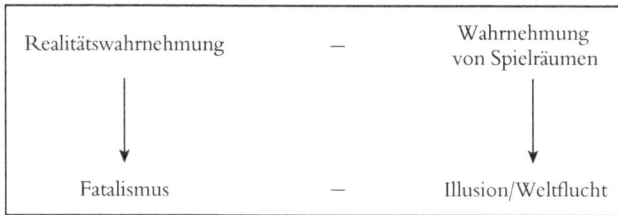

Die spirituelle Aufgabe besteht demnach darin, die Realität so wahrzunehmen, dass sowohl ihre tatsächlichen Gegebenheiten als auch die offenen Handlungs- und Deutungsspielräume in den Blick kommen.

1.2 Wird spirituell sein dem Einzelnen gerecht?

In subjektiver Hinsicht ist zu fragen: Ist das Spirituelle so gestaltet, dass es der menschlichen Grundverfassung im Sinne von Grundbedürfnissen (nach Sinn, Eingebundensein, Kommunikation etc.) und Grundfähigkeiten gerecht wird?

Gerade in letzter Zeit haben – wie wir bereits sahen – neuere psychologische und soziologische Forschungen gezeigt, dass sich über individuelle Gestaltung hinaus Grundbedingungen oder, vorsichtiger gesagt, Wahrscheinlichkeiten für Sinnerfüllung und gelungenes Leben formulieren lassen. Spiritualität als (Sinn-)Element des Lebens ist Teil solcher Grundbedingungen. Wenn wir also von gelingender und tragfähiger Spiritualität sprechen, lassen sich aus soziologischer und psychologischer Perspektive erste Rahmenbedingungen finden, an denen sich gelungene Formen des Spirituellen orientieren können (und müssen).

Als erste Annäherung möchte ich im Anschluss an den französischen Philosophen Maurice Merleau-Ponty den Menschen als atmendes und in die Lebenswelt verwobenes Leibsubjekt verstehen. In seiner *Phänomenologie der Wahrnehmung* hat Merleau-Ponty ein neues Verständnis des Menschen herausgearbeitet, das den Menschen nicht als punktförmiges körperloses Bewusstsein versteht, wie es seit Descartes in der Philosophie üblich geworden war. Vielmehr kann er zeigen, dass der Mensch durch seinen und in seinem Leib (vor allem Deuten und Verstehen) immer schon atmend und wahrnehmend mit der Welt verwoben ist und ihr nicht neutral gegenübersteht. *„Ich, der ich das Blau des Himmels betrachte, stehe nicht ihm gegenüber als ein weltloses Subjekt, ich bin nicht gedanklich in seinem Besitz, entfalte nicht ihm zuvor eine Idee von Blau, die sein Geheimnis mir entschlüsselte; ich überlasse mich ihm, ich versenke mich in dieses Geheimnis, es ‚denkt sich in mir', ich bin der Himmel selbst, der sich versammelt, zusammennimmt und für sich zu sein sich anschickt, mein Bewusstsein ist verschlungen von diesem grenzenlosen Blau."*[36] Diese 1945 geschriebenen Zeilen erhalten ihre tiefere Bedeutung vielleicht erst durch die ökologische Krise, die uns die Konsequenzen eines Menschenbildes zeigen, das den Menschen der Welt gegenüberstellt und ihn nicht mit ihr verbunden sieht, denn: *„Empfindender und empfundenes Sinnliches sind nicht zwei äußerlich einander gegenüber-stehende Terme ..."*[37]

So nehme ich als Ausgangspunkt meiner Überlegungen den Begriff des Leibsubjekts auf und setze seine kommunikative Eigenschaft der Partizipation hinzu. Damit ergibt sich als erster Begriff „partizipatorisches Leibsubjekt", das zum sich im Gegenüber auflösenden und verlierenden Subjekt ins Negative kippen kann. Positiv begrenzt wird das partizipatorische Leibsubjekt durch eine individuelle und eigensinnige Autonomie, die wiederum in eine sich abkapselnde Monade kippen kann. So ergibt sich

Grafik 2

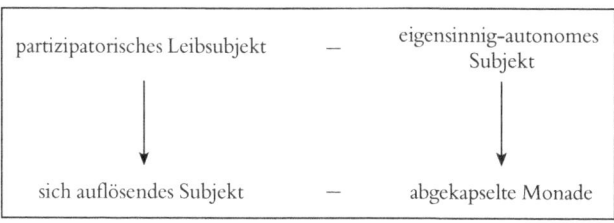

Das partizipatorische Leibsubjekt steht in diesem Verständnis immer im Austausch mit anderem: zuvorderst mit der es umgebenden Umwelt, sodann mit anderen Leibsubjekten und nicht zuletzt mit dem Transzendenten. Das partizipatorische Leibsubjekt kann gar nicht anders, als durch anderes mit sich selbst in Kontakt zu sein. Die Selbst- und Eigenrelation des Leibsubjekts vollzieht sich immer vermittelt durch anderes: Erst als teilhabendes und teilgebendes Subjekt ist es bei sich selbst. Die spirituelle Aufgabe besteht also darin, ein Gleichgewicht zwischen individuellem Eigensinn und gemeinschaftlicher Partizipation zu finden.

1.3 Entspricht diese Art, spirituell zu sein, dem Transzendenten?

Grundsätzlich ist zu bedenken, dass das menschliche Erkenntnisvermögen das Göttliche in seiner geheimnisvollen Tiefe nie erreichen kann. *„Es gibt Gott, aber alles spricht* *dafür, dass er so groß und anders ist, dass keine der Vorstellungen, die aus unserer Wirklichkeit heraus geboren werden könnte, auch nur einen Zipfel von ihm zu erfassen vermöchte … Gott ist das absolut Erkenntnisjenseitige."*[38]

Jedes Verständnis des Transzendenten muss diesen erkenntnistheoretischen Graben im Blick behalten, wenn es eine Annäherung an das Göttliche versucht. Dennoch haben in der Geschichte des Nachdenkens über Gott immer wieder Einzelne versucht, grundlegende Aspekte des Göttlichen begrifflich zu fassen. Gottes Unabhängigkeit und Selbstständigkeit bringt die Formel von Gott als *„causa sui"* (Grund seiner selbst) zum Ausdruck. Wenn Anselm von Canterbury von Gott *„als dem, worüber hinaus nichts Größeres gedacht werden kann"*, spricht, weist er darauf hin, dass man zu Gott nur durch Übersteigen alles Denkbaren gelangen kann. Paul Tillichs Formel von Gott als dem, *„was uns unbedingt angeht"*, verweist auf den Aspekt des unbedingt Angegangenseins von Seiten des Göttlichen. Die von Rudolf Bultmann geprägte Formulierung von Gott *„als der alles bestimmenden Wirklichkeit"* hebt hingegen hervor, dass Gott nur universal gedacht werden kann. Ein Gott, der nur mich bestimmt, wäre kein Gott. Für unseren Zusammenhang ist nun zunächst nicht entscheidend, welchem personalen oder a-personalen theistischen oder non-theistischen Gottesverständnis wir den Vorzug geben. Vielmehr ist danach zu fragen, welche Mindestanforderungen das Verhältnis zum Transzendenten am treffendsten beschreiben.

Der Soziologe Hartmut Rosa verwendet den Begriff des *„Unverfügbaren"* für sein Resonanzmodell. Für alles Transzendente – wie immer man es sonst auch versteht – bleibt das Moment des Unverfügbaren essenziell. Wer sich des Transzendenten bemächtigen kann, hat es nicht mehr mit Transzendenz, sondern eher mit magisch und esoterisch den eigenen Bedürfnissen zurechtgestutzten Bonsai-Gottheiten zu tun. So lässt sich ein angemessenes Verhältnis zur unverfügbaren Transzendenz wohl am besten in einer Doppelformel beschreiben: Zum einen ist eine Haltung einzunehmen, die der unüberwindbaren (asymmetrischen) Überlegenheit Gott gegenüber entspricht; zum anderen muss deutlich werden, dass der Mensch von einer unstillbaren Gottessehnsucht erfüllt ist, die von diesem Gott Heil und Heilung erhofft.

Martin Luther hat in seinem kleinen Katechismus die Beziehung zum unverfügbaren Gott in das Gleichgewicht von fürchten und lieben gebracht:

„Du sollst nicht andere Götter haben.
Was ist das?
Antwort: Wir sollen Gott über alle Dinge fürchten, lieben und vertrauen."[39]

Grafik 3

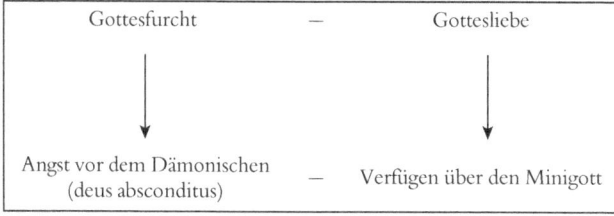

Die Ehrfurcht Gott gegenüber erkennt das Gefälle zwischen dem Göttlichen und dem Menschlichen an, das allerdings nicht in eine panikartige Angst vor dem Abgründig-Dämonischen eines verborgenen Gottes kippen darf. Die Gottessehnsucht oder Gottesliebe darf auf der anderen Seite nicht in das Verfertigen und Verfügen über einen selbstgezimmerten Minigott oder Kuschelgott abgleiten. Die Formulierung Luthers *„fürchten und lieben"* sucht die Balance zwischen Abstand und Nähe, Abstoßung und Anziehung herzustellen. Wie immer das Transzendente in einer spirituellen Haltung inhaltlich gefasst wird, *„fürchten und lieben"* müssen die beiden Spannungspole bleiben, zwischen denen sie sich bewegt.

Wenn wir spirituell sein als Lebensphänomen verstehen, umfasst es somit notwendigerweise diese drei Dimensionen, durch die es auf die Realität, auf das Individuum und auf das Transzendente bezogen ist. Blicken wir nun auf die Grundstruktur von Religion überhaupt, entdecken wir eine sehr ähnlich gegliederte Dreiteilung. Fragen wir aber zuerst danach, was Religion überhaupt ist.

2. Was ist Religion?

Ein mögliches Verständnis von Religion, das meines Erachtens alle entscheidenden Aspekte einschließt, habe ich bei dem amerikanischen Theologen Martin Riesebrodt gefunden: *„Danach ist Religion ein Komplex religiöser Praktiken, die auf der Prämisse der Existenz in der Regel unsichtbarer persönlicher oder unpersönlicher übermenschlicher Mächte beruhen."*[40]

Die Stärke dieses Religionsverständnisses liegt darin, dass Religion von ihrer kultischen Seite her verstanden wird. Religion dient der Kontaktaufnahme mit übermenschlichen Mächten. Diese Kontaktaufnahme mit dem Unbegreiflichen und Unsichtbaren geschieht durch Ritus und Kultus. An den Grenzen ihrer eigenen Macht ruft die menschliche Gemeinschaft die sie übersteigenden Mächte an, um Heil und Heilung zu erlangen. „*Die Leistung religiöser Institutionen beruht demnach darauf, dass sie die Handlungsfähigkeit des Menschen in Situationen tatsächlicher Machtlosigkeit und Handlungsunfähigkeit erhalten. Indem man Bedrohungen deutend in Beziehung zu übermenschlichen Mächten bringt, kann der Mensch durch die Kommunikation mit diesen Mächten versuchen, diese Situation handelnd zu bewältigen, anstatt in Panik zu geraten oder in Depression zu versinken.*"[41]

In Zeiten extremer Gewalteinwirkung von innen und außen durch Naturgewalten, wie Erdbeben, Überschwemmungen oder Ähnliches, kanalisiert Religion die aufkommenden z. T. gewalttätigen Affekte, indem sie kultisch das Erlebte darstellt und Verheilung verheißt. Archaische Religion ist zugleich Gewaltabwehr und Schutz vor weiterer Gewalt, etwa innerhalb der eigenen Gruppe. Dieses archaische Erbe der Religion schlummert noch heute im religiösen Kultus und sollte nicht verharmlost werden. Spuren kollektiver Verletzungen finden sich nicht zufällig in den alttestamentlichen Erzählungen wie etwa in der Sintflutgeschichte. Auch blutige Menschenopferpraxis, deren Spuren bis ins Alte Testament reichen – man denke nur an die im letzten Moment abgewendete Opferung Isaaks durch seinen Vater Abraham –, zeigen die kultische Verarbeitung solcher Verletzungen.[42]

Wer sich dem Phänomen Religion nähert, tut also gut daran, dieses schlummernde archaische Erbe nicht zu vergessen. Religion, verstanden als „Komplex religiöser Praktiken", umfasst unterschiedliche Praktiken: Neben der bereits beschriebenen kultisch eingreifenden (interventionistischen) Dimension lässt sich noch die ethisch-moralische (verhaltensregulierende) und die denkend-kommunikative (diskursive) Dimension unterscheiden. Prägnanter ließe sich sagen, Religion besteht aus Kultus, Mythos und Moral/Ethik. Im Kultus wird handelnd etwas gemeinschaftlich erlebt, das in Form von Erzählungen oder heiligen Schriften weitergegeben, reflektiert und gedeutet werden kann. Zudem leiten sich aus kultischen Praktiken auch handlungsleitende Normen ab, die sich auf das Verhalten innerhalb oder außerhalb der eigenen Gruppe beziehen und das weitere Zusammenleben ordnen. In dem von Riesebrodt vorgeschlagenen Verständnis sind diskursive Glaubensvorstellungen und ethische Normen dem Kultus nachgeordnet und nur von ihm her verständlich. Möchte ich eine Religion verstehen, frage ich also nicht zuerst nach Bekenntnissen oder subjektiven Ansichten, sondern nach dem vollzogenen Kultus.[43]

3. Die drei Dimensionen der Religion

Mit Hilfe dieser Systematik zeigt sich, dass in den drei genannten Bereichen Mythos, Kultus und Ethos jeweils eine der vorher herausgearbeiteten Beziehungsachsen in besonderer Weise akzentuiert wird.

Das Liturgisch-Kultische, bei dem der einzelne Glaubende sich mit anderen Glaubenden verbindet, um gemeinschaftlich vor Gott zu treten, steht nach Riesebrodt im Zentrum jeder Religion. Das einzelne Leibsubjekt partizipiert sowohl horizontal mit anderen Leibsubjekten als auch vertikal mit dem Transzendenten. Im Liturgisch-Kultischen werden die zentralen Überlieferungen in Mythos und Kultus gemeinschaftlich vollzogen. Der Einzelne tritt in die Gemeinschaft der anderen ein, betet, bittet, singt und feiert die Gegenwart des Göttlichen. Im Austausch mit den gegenwärtigen Erfahrungen anderer und den überlieferten Erfahrungen werden diese Traditionen aktualisiert und auf das gemeinsame Leben bezogen.

Doch der Kultus, und hier ist es sinnvoll, über die Analyse von Riesebrodt hinauszugehen, ist nicht der einzige Ort der Begegnung mit dem Transzendenten. Denn in den Religionen wird der gemeinschaftliche Kultus vom Mystisch-Kontemplativen des Einzelnen getragen, gespeist und begleitet. Nicht nur gemeinschaftlich, sondern auch einzeln versenkt sich der Glaubende in die Präsenz Gottes und begegnet so dem Göttlichen auf individuelle Weise. In der mystischen Dimension steht die Relation von einzelnem Leibsubjekt und der Transzendenz im Mittelpunkt. *„Gott und ich allein"* – so fassen die Wüstenväter und Wüstenmütter diese Relation zusammen.[44] Der Weltbezug und der soziale Bezug treten dabei deutlich in den Hintergrund.

Im dritten Bereich, dem Ethisch-Gestaltenden, tritt hingegen der Transzendenzbezug deutlich hinter die Weltwahrnehmung und Weltaneignung zurück. In diesem Bereich geht es um das Handeln in der Welt und für die Welt, als Einzelner und auch als Gemeinschaft, auch wenn die Relation Welt – einzelnes Leibsubjekt hier klar im Vordergrund steht.

Wenn wir diese drei religiösen Dimensionen – das Mystisch-Kontemplative, das Liturgisch-Kultische und das Ethisch-Gestaltende – als Ausdruck der drei Grundrelationen des Menschen – zum Transzendenten, zur Gemeinschaft und zur Welt – verstehen, erschließt sich damit das gesamte Feld des Religiösen neu und wir sind in der Lage, religiöse Ausdrucksformen klarer in ihrer Grundausrichtung zu verstehen. Nicht alle Ausdrucksformen des Religiösen gewichten diese drei Dimensionen gleichermaßen. In kontemplativen Orden z. B. dominiert die Relation des Einzelnen zum Transzendenten alle anderen Dimensionen. In einem karitativen Orden wird die gestaltende und helfende Weltrelation viel stärker betont als etwa das Mystische. Und dennoch brauchen alle diese Formen einander und können nur im gegenseitigen Austausch gelebt werden.

4. Das dritte Paradies als Modell

Das vom italienischen Künstler Michelangelo Pistoletto (geb. 1933) entworfene Symbol des erweiterten Unendlichkeitszeichens, das er auch das Dritte Paradies nennt, möchte ich verwenden, um die drei Bereiche des Spirituellen zu veranschaulichen, obwohl Pistolettos eigentliche Intention in eine andere Richtung weist.[45] Seine Stärke zeigt dieses Symbol eben gerade darin, auch für andere Bereiche sprechend zu sein. Das erweiterte Unendlichkeitszeichen schafft einen neuen Raum der Begegnung, ein Drittes, das sich aus den beiden anderen Räumen speist.

Wenn dem linken kleineren Kreis das Mystisch-Kontemplative und dem rechten kleineren das Ethisch-Gestaltende zugeordnet wird, zeigt sich sehr schön, wie das Liturgisch-Kultische in der Mitte von den beiden äußeren Bereichen in der Waage gehalten wird. Der gemeinschaftliche Kultus lebt vom Mystischen des Einzelnen ebenso wie vom Ethisch-Gestaltenden. Wenn der gemeinschaftliche Kultus nicht begleitet wird von der tätigen Wahrnehmung der Wunden und der Zerrissenheit der Zeit, läuft er ins Leere. Das gemeinsame Gebet braucht nicht nur das Versenken des Einzelnen in die Gottesnähe, sondern auch den wachen Blick und das tätige Handeln in der Welt. An diesem Punkt erkennen wir vielleicht zum ersten Mal, warum der sonntägliche Gottesdienst so wenig Anziehungskraft hat: Er wird in der Regel weder vom mystischen Gebet der Einzelnen noch vom tätigen Engagement begleitet. Denn wenn der Gottesdienst auf Dauer nur noch der persönlichen Sinnsuche des Einzelnen dient, verarmt seine ursprüngliche Fülle. Doch dazu später mehr. Zuerst gilt es, die hier bisher nur angedeuteten drei Dimensionen im Einzelnen genauer zu beschreiben. Dabei wird sich zeigen, dass in den beiden äußeren Dimensionen jeweils eine Grundrelation im Vordergrund steht, während in der Mitte eben alle Dimensionen zusammenfließen. Zudem werden die Räume sichtbar werden, in denen sich die jeweiligen Dimensionen vollziehen. Nicht alles hat überall seinen Ort, private und öffentliche Sphäre sind hier deutlich geschiedene Räume.

5. „Eyes open – eyes closed"

Der amerikanische Künstler Alex Katz (geb. 1927) hat ein sehr eindrückliches Bild geschaffen, auf dem er dieselbe Frau einmal mit offen und einmal mit geschlossenen Augen gemalt hat. In einer Ausstellung in München, in der ich vor diesem Bild stand, wanderten meine Augen immer wieder von der Darstellung mit geschlossenen Augen zu der mit den offenen Augen. Immer und immer wieder schaute ich ihr ins Gesicht, um zu sehen, ob und wie sich ihr Gesicht verändert, je nachdem, ob die Augen geöffnet oder geschlossen sind, und ob sich ihr Gesicht sonst irgendwie unterscheidet. Formt sie die Lippen etwas anders, weil sie mit geschlossenen Augen etwas „sieht", was sie mit geöffneten Augen nicht sehen kann? Fällt das Licht anders?

Der katholische Theologe Johann Baptist Metz spricht vom Christentum als einer *„Religion mit dem Gesicht zur Welt"*. Diese Metapher möchte ich im Folgenden – wiederum ergänzend – aufnehmen. Mein hier vorgestelltes Modell zielt auf ein solches Verständnis des Spirituellen *„mit dem Gesicht zur Welt"*, so wie die Frau dem Betrachter ihr Gesicht zuwendet. Allerdings möchte ich die christliche Religion nicht nur mit dem Gesicht zur Welt, sondern mit geschlossenen, geöffneten und zur Hälfte geöffneten Augen verstehen. Innerhalb der Religion gibt es, so meine ich, diese drei Grundhaltungen, die zwar zusammengehören, aber dennoch getrennt voneinander wahrzunehmen sind. Dies möchte ich nun genauer erläutern.

Alex Katz, Eyes open Eyes closed, Double Vivie © VG Bild-Kunst, Bonn 2020.

5.1 Die Augen schließen: Das Mystisch-Kontemplative

Das linke Feld des erweiterten Unendlichkeitszeichens steht für das Mystisch-Kontemplative. Im individuellen Sich-in-die-Gegenwart-Gottes-Versenken durch Meditieren und Kontemplation sucht der Einzelne die transformierende Kraft des Heiligen. Vielen gilt das Mystisch-Kontemplative als der innerste Kern der Religion. Die berühmte unio mystica, die Vereinigung mit dem Göttlichen, hat hier ihren Ort.

Mit Bedacht wähle ich auch hier das Adjektiv „mystisch" und nicht das Substantiv „Mystik", damit das Mystische nicht in einem abgegrenzten Bereich eingeschlossen ist, sondern als Dimension verstanden wird. Worin besteht nun aber genau dieses Mystische?

Der katholische Mystik-Forscher Alois M. Haas versteht Mystik als einen *„Aspekt der menschlichen Existenz"*[46], dem sich niemand entziehen kann, und beschreibt das

Mystische deshalb mit anthropologischen Begriffen. In Geburt und Tod, so Haas, entdeckt der Mensch zwei Augenblicke seines Lebens, die er zwar erlebt, die sich aber seiner Verfügungsmacht entziehen: Zumindest bei der Geburt ist es eindeutig, dass der Mensch zwar als Geborener beteiligt ist, aber eben nur passiv. Im Moment der Geburt zeigt sich die Abhängigkeit des Menschen von Daseinsvoraussetzungen, die ihm nicht zur Disposition stehen. Zu solchen Momenten höchster Passivität kann sich der Mensch eigentlich sachgemäß nur religiös verhalten, gilt doch das Religiöse als Kultur des Verhaltens zum Unverfügbaren. Für den Menschen bedeuten diese Momente, dass er mit sich selbst nie vollständig identisch ist: Er verfügt nie vollständig über sich selbst, ist nie mit sich selbst in Vergangenheit und Zukunft identisch. Das Mystische könnte dann als der Versuch gesehen werden, diese Nicht-Identität im Ursprung zu überwinden – sei es durch regressive Rückkehr im ozeanischen Gefühl des Sich-Auflösens im „Meer", sei es durch progressive Utopien, in denen das Verlorene wiederhergestellt werden soll, sei es durch punktuelle Ekstasen. Wie immer die Überwindung der Ich-Spaltung vorgestellt wird, immer geht es darum, das vorfindliche Ich zu seinem eigentlichen, mit sich selbst identischen Selbst zu übersteigen. Daher haftet dem Mystischen immer etwas Geheimnisvolles an, das sich dem normalen Blick entzieht. Darauf weist ja auch der Begriff des Mystischen, der sich vom griechischen Wort *myein* – die Augen schließen – ableitet.

Der evangelische Kirchenhistoriker Berndt Hamm stellt einen anderen Aspekt des Mystischen bei seinen Überlegungen in den Vordergrund. So löst seiner Ansicht nach die Mystik die grundlegende Differenz zwischen Mensch und Gott (noch) nicht ozeanisch auf, sondern Gott überwindet diese Grenze mit seiner Nähe: „*Der Terminus ‚Nähe' ist ebenso wie der Begriff der ‚Unmittelbarkeit' weit genug, um verschiedene Arten und Grade mystischer Erfahrung zu umfassen; und er ist dynamisch genug, um zu verdeutlichen, dass Mystik ein Weg der Reinigung, Erleuchtung und Verwandlung ist, ein Prozess der Annäherung, der Gott und Mensch zusammenbringt und so Ferne in vertraute Naherfahrung verwandelt ... Nicht alle mystischen Texte sprechen ausdrücklich von einer ‚unio'-Erfahrung; allen aber geht es inhaltlich um die Verflüssigung der Grenze zwischen Gott und Mensch im Erleben einer unmittelbaren Nähe, deren Ziel die vollkommene, nicht mehr zu überbietende Vereinigung im Himmel ist.*"[47]

Zwei Merkmale sollten an dieser Stelle deutlich herausgestellt werden: Zum einen geht es um das Erleben der Nähe Gottes. Das Mystische hat – wie wir gleich noch weiter sehen werden – immer einen leiblichen Aspekt. Die Nähe Gottes wird nicht nur geglaubt, für möglich gehalten und erhofft, nein, sie wird spürbar, leiblich, atmosphärisch erlebt. Zum anderen verweist Hamm hier darauf, dass das Mystische seinen vorläufigen Charakter beibehält. Die mystische Erfahrung ist Vor-schein, nicht schon vollständige himmlische Vereinigung. Mystische Erfahrungen verbleiben in der Zeit und vollziehen sich nicht schon in der Ewigkeit.

In einem Bericht über die mystischen Erfahrungen, die die 1487 verstorbene Schwester Jde Prumers des St. Agnes-Konvents von St. Emmerich macht, lässt sich gut erkennen, wie eng kognitive und leibliche Erfahrungen im Mystischen zusammenkommen: „*Sie pflegte sich so innig und devot dem Leben und Leiden unseres lieben Herrn zu widmen, dass ihr so viele Tränen flossen, dass das Tuch oftmals derart nass von ihr hing, wenn sie da saß und arbeitete … Sie pflegte uns zu sagen, dass sie in ihren täglichen Aufgaben oft derart großen Genuss fühlte, dass es ihr jedes Mal wenn sie die Lade (des Webstuhls) anschlug, so vorkam, als drücke sie dann Gott gegen ihre Brüste.“*[48] Eindrücklich an diesem Bericht ist, wie sich das Wissen um das Leiden Jesu auch leiblich äußert. „*Das heißt: Genuss bereitet der Schwester sowohl die meditativ eingeübte seelische Berührung durch das leidvolle Leben Jesu, die sich in leiblichen Tränen äußert, als auch die rhythmisch wiederkehrende körperliche Berührung durch den Webstuhl, die für sie zur inneren Berührung wird. Seelisches und körperliches Erleben sind im Rhythmus des Webens unmittelbar aufeinander bezogen.*“[49]

Offenbar braucht es für die mystisch erfahrene Nähe Gottes beides: die meditativ eingeübten Kenntnisse der Passion Jesu und die leibliche Bewegung des Webstuhls. In besonderer Weise greifen in diesem Bericht kognitive Sinnkultur und leibliche Präsenzkultur ineinander. Weiterhin zeigt sich, dass diese Ausprägung der Mystik eine christologische Struktur aufweist: „*Die sinnlich erfahrene, Seele und Leib ergreifende Berührungsnähe Gottes soll also nur ein Durchgangsstadium sein. Ein wesentliches Element dieses Übergangs- und Reifungsprozesses ist die mystische Entwicklung zu einer neuen Erfahrungstiefe schmerzvoller Gottesberührungen. Wahre Gottesliebe hat sich gerade zu bewähren, wenn lustvolle Gefühle ausbleiben. Genau dazu will Gott den Menschen führen, indem er ihn in das bittere Schicksal des Passionschristus hineinzieht, sein Leben mit schweren leiblichen und seelischen Anfechtungen zeichnet (,stigmatisiert') und ihn so als leidenden ganz gering, arm, demütig und leer von allen eigenen Wünschen, sogar vom Verlangen nach himmlischem Lohn werden lässt. Insofern kann man von einer – für die religiöse Entwicklung des Abendlandes prägenden – kreuzes- und anfechtungstheologischen Gebrochenheit der Mystik sprechen."*

"Der mystische Weg zum Himmel ist also jener Kreuzweg ... es ist der Weg schmerzlicher christusförmiger Erfahrungen der Verlassenheit, die den gottliebenden Menschen zur ‚Gelassenheit' führen: Er gewinnt die Bereitschaft, seinen eigenen Willen, vor allem des geistlichen Genießen-Wollens, loszulassen und sie – wie Jesus in Gethsemane – ganz dem Willen Gottes zu überlassen."

"Der mystische Prozess bedeutet nun, dass der Mensch immer gleichförmiger mit der Abwärtsbewegung Gottes wird, immer demütiger, leidensbereiter und selbstloser. Gerade so aber steigt er den steilen Pfad empor bis zur völligen geistigen Liebesvereinigung mit Gott."[50]

Durch das Meditieren des Leidensweges Christi, durch das Ertragen der Gottesferne des Gottessohnes und durch das Loslassen des eigenen Willens gewinnt der Mensch Anteil an der „Liebesbewegung" Gottes, die eben nicht aus Hoch- und Triumphgefühlen besteht.

Auch die Inkarnation des Gottessohnes wird mystisch miterlebt und ist so Teil der christologischen Matrix des Mystischen. Das einzelne individuelle Leben wird darin eben nicht übersprungen oder aufgelöst, sondern gerade ihm begegnet Gott: *„Im Genuss der eucharistischen Hostie verdichtet sich diese Nähe, die zu einem mystischen Schmecken und Umarmen der Person Jesu wird. So lässt sich die Transzendenz auf die Existenzweise des irdischen Menschen ein, umarmt seine Individualität und lässt sich von ihr kosten."*[51] Gerade in der Eucharistie zeigt sich so die physisch erlebbare Präsenzkultur der Mystik.

Ohne die Vielgestaltigkeit des Mystischen auf einen Nenner bringen zu wollen, haben sich doch einige Grundstrukturen gezeigt: Das Mystische ist Ausdruck der

Sehnsucht des Menschen nach Überwindung von Zweiheit und Nicht-Identität durch Rückkehr zum Ursprung. Zugleich ist anhand des Beispiels deutlich geworden, dass die Nähe Gottes im Mystischen leiblich erfahrbar wird bzw. das Ausbleiben dieser Nähe christologisch gedeutet wird, wobei das Individuelle des Einzelnen gerade nicht aufgelöst wird, sondern zum Ort der Nähe Gottes wird.
„Gott ist nicht nur gegenwärtig, sondern er kommt dem Menschen so nahe, dass seine barmherzige Güte ‚geschmeckt' und als beseligende Umarmung hautnah gespürt werden kann."[52]

Die transformierende Wahrnehmung der Gottesgegenwart übersteigt damit den lediglich gedachten Gott. *„Intellektuelle Schlüsse können zwar zu dem Ergebnis kommen, dass etwas möglich, wahr oder notwendig ist, aber nicht zu dem Ergebnis, dass etwas als gegenwärtig und präsent erscheint. Die augenblickliche Gegenwart von etwas kann nur wahrgenommen werden."*[53]

Genau für diese Wahrnehmung des Gegenwärtigen steht das Mystisch-Kontemplative: Gottes Nähe wird leibhaft erfahren. Meditieren heißt, sich in die Gegenwart Gottes zu versenken, im Schein seiner Gegenwart da zu sein. Oder prägnanter noch: In der mystischen Dimension synchronisieren sich meine Gegenwart und Gottes Gegenwart. Mensch und Gott werden co-präsent und die transformierende Macht der Gottesgegenwart wird erlebt. *„Nicht ich bete zu Gott, sondern Gott wird in meinem Leben so gegenwärtig, dass nicht mehr mein Wille, sondern sein Wille geschieht, weil das, was er für mich will, zu dem wird, was ich will, und das, was ich will, nicht mehr im Gegensatz steht zu dem, was Gott für mich und uns will."*[54]

Der Ort, an dem dies geschieht, ist in der Regel das „stille Kämmerlein", also der private Raum, der der Öffentlichkeit verborgen bleibt. Schon Jesus hatte seinen Jüngern diesen Ort zum Beten empfohlen: „*Wenn du aber betest, so geh in dein Kämmerlein und schließ die Tür zu und bete zu deinem Vater, der im Verborgenen ist; und dein Vater, der in das Verborgene sieht, wird's dir vergelten*" (Mt 6,6).

Mit dem „stillen Kämmerlein" beginnt die Ausbildung von Identität und Eigenbewusstsein, das Zutagetreten von Verborgenem. Die Schriftstellerin Virginia Woolf schreibt dazu in einem Essay: „*Wer hinter sich abschließen kann, besitzt die Möglichkeit, Konventionen zu brechen und abzustreifen. Ein Schloss vor der Tür bedeutet demnach, eigene Gedanken zu entwickeln.*"[55]

Auch religiös könnte man sagen, dass das stille Kämmerlein, das fremden Blicken verschlossen bleibt, die Suche nach dem „eigenen Gott", der zum eigenen Leben passt, erst ermöglicht. Das eremitische Kellion in der Wüste, die Zelle im Kloster gelten daher als bevorzugte Orte der leiblichen Gottesbegegnung. „*Der eigene Gott könnte die religiöse Passform des eigenen Lebens, des eigenen Raumes sein ... Eigener Raum bedeutet Unabhängigkeit, also (verbotene) Lektüre, Kontemplation, Faulheit, Onanie, Langeweile, Selbstbefragung, im Schutz des Nichtgesehenwerdens Eigenes zu erproben und sich auf Seelenreisen in der Suche nach dem ‚eigenen Gott' zu begeben.*"[56]

Das eremitische Kellion in der Wüste, die Zelle im Kloster gelten daher als bevorzugte Orte der konzentrierten Gottesbegegnung, weil sie die Welt für einen Moment außen vor und verstummen lassen und dennoch auf sie bezogen bleiben. Für dieses gleichzeitige Bezogensein auf die Welt und Sich-von-ihr-Abwenden trifft zu, was der Zürcher Reformator Zwingli unter Andacht versteht: „*Als konzentrierte Haltung ist Andacht zwar welt- und sprachabgewandt, aber nicht sprach- und weltlos.*"[57]

5.2 Mit offenen Augen agieren: Das weltzugewandte Handeln und Gestalten

Der zweite äußere Kreis zeigt den offenen Blick auf die Welt. Ein Sehen, das sich nicht abwendet, sondern sich der Welt in ihrer oft groben Materialität zuwendet, den Armen und Leidenden ebenso wie dem Ungeformten, das einer Formgebung harrt. Dieses weltzugewandte Handeln und Gestalten umfasst wiederum mindestens drei grundlegende Bereiche. Zum einen geht es um das Diakonische oder, wie Johann Baptist Metz es nennt, um „Compassion", mitleidende Zuwendung zu Leidenden, wozu auch Tiere und Umwelt gehören. Aber der Bereich des weltzugewandten Handelns kann nicht nur in solch asymmetrischen Beziehungen aufgehen. Es umfasst, sollen Resonanzerfahrungen eingeschlossen sein, auch das Gestalten symmetrischer sozialer Beziehungen.

Weiterhin gehören zu diesem Bereich auch alle Erfahrungen, die im Umgang mit Material und in der Gestaltung von Materie gemacht werden können. Richard Sennett spricht hier, wie wir bereits gesehen haben, von Handwerk. Auch der gestaltende Umgang mit Materialien hat seine eigene spirituelle Dimension, die allzu oft vernachlässigt wird. Glaubende gestalten ihre soziale und materielle Welt.

Beginnen wir mit dem Blick auf die Leidenden: *„Nun gibt es in der deutschen Sprache kein Wort, das diese elementare Leidempfindlichkeit – und die Tatsache, dass Jesu erster Blick dem fremden Leid galt – unmissverständlich zum Ausdruck bringt. ‚Mitleid' ist kaum mehr unschuldig zu gebrauchen. Es klingt jedenfalls zu gefühlsbetont, zu praxisfern, zu unpolitisch ... So verwende ich versuchsweise das Fremdwort ‚Compassion' als Schlüs-*

selwort für das Weltprogramm des Christentums im Zeitalter der Globalisierung …"[58]

Nach den Erfahrungen von Auschwitz ist das Christentum, so Johann Baptist Metz, als eine „Mystik der Compassion" zu verstehen, in der sich die Gottesleidenschaft der Glaubenden mit einer Mystik der offenen Augen für das Leid der anderen verbindet. Viel zu lange habe das Christentum die existenzielle Schuldfrage des Einzelnen in den Mittelpunkt gestellt. Theologie aber müsse „leidsensibel" sein und sich offenen Auges des Leidens der unschuldig Leidenden annehmen. Auf diese Weise werden Theologie und Mystik politisch. Der Versuchung des christlichen Glaubens, sich in die Privatsphäre des Einzelnen abdrängen zu lassen, ist im Sinne dieser politischen Mystik und ihrer Compassion mit den Opfern von Ungerechtigkeit und Globalisierung zu widerstehen. „*Wer ‚Gott' – im Sinne Jesu – sagt, nimmt die Verletzung der eignen religiösen Gewissheiten durch das Unglück der anderen in Kauf. Das fremde Leid wird selbst zur religiösen Provokation. Sie zwingt in die Praxis der Compassion und beunruhigt die Frömmigkeit mit einer leidenschaftlichen Rückfrage an Gott …*"[59]

Wer Gott sagt, verbindet damit die Vision und Verheißung einer universalen Gerechtigkeit. Der Blick auf das unschuldige Leid anderer stellt jedoch diesen Gott in Frage. So wird der Glaube an Gott zum Leiden an ihm, weil die göttliche Gerechtigkeit so wenig sichtbar und erfahrbar ist. Vom Leiden der anderen geht eine „heilige Unruhe" aus, die die Glaubenden umtreibt und unruhig werden lässt. Das verzweifelte Rufen in den Psalmen „*Wie lange noch, Herr*", das nächtliche Sich-auf-dem-Lager-Hin-und-Herwälzen und das Ausschauhalten nach Gott, das Verzweifeln am Schweigen Gottes, „*Ich rufe, doch du antwortest nicht"*, all dies ist Teil der Wahrnehmung bedrängenden Leids. Aber eben nicht (nur) des eigenen, sondern vor allem das der anderen. Die Grundsprache der Religion ist daher nicht die distanzierte reflektierende Theologie, sondern die Sprache der Gebete, in denen Menschen vor Gott seufzen und ihn um Rettung bitten. Eine solche Sprache des Gebets ist sehr viel weiter als die Sprache des Glaubens; *„Mit den Gebeten beginnen heisst ja nicht einfach, mit dem Glauben beginnen. Die Sprache der Gebete ist viel umfassender als die Sprache des Glaubens; in ihr kann man auch sagen, dass man nicht glaubt, wenn man nur versucht, es – Gott zu sagen."*[60]

Wie kaum einem anderen gelingt es Metz, das Mystische und das Ethische beieinanderzuhalten. Erst das Hinschauen, die Wahrnehmung des Leidens anderer und die Compassion verleihen dem Kultus und der Meditation ihre Tiefe. Die Gewissheiten der Theologie werden vom Leiden erschüttert und bis auf Weiteres mit einem eschatologischen Zeitvermerk in Frage gestellt. Die Gottesrede wird im Blick auf das Leid anderer verbindlich und gefährlich. Diese innere Verknüpfung von wahrgenommenem Leid und Gottesrede lässt sich in einer doppeldeutigen Wendung fassen: homo dei passionis – der Mensch ist Gottesleidenschaft; in dem Sinne, dass der Mensch einerseits das Ziel der leidenschaftlichen Zuwendung Gottes ist, andererseits leidet der Mensch an Gott, weil dessen Wirken zugunsten der Welt nicht (oder kaum) sichtbar ist.

Der politische Raum, die polis (griech. Stadt), ist der Ort der Wahrnehmung und der aktiven Zuwendung zu den Bedürftigen, weshalb das weltzugewandte Handeln immer auch eine politische Dimension hat. Nicht selten sind ja schon das Aufsuchen und Sichtbarmachen verborgen gehaltener Orte ein politischer Akt, etwa bei Umweltverschmutzungen oder bei unzumutbaren Wohn- und Lebensverhältnissen sozial Benachteiligter. Auch das Gestalten von Beziehungen und Institutionen, Initiativen und gemeinwohlorientierten Bewegungen, die auf symmetrische und partizipative Kommunikation zielen, ist Teil dieser öffentlich-politischen Sphäre. Letztlich geht es darum, den Weg Jesu zu den Randsiedlern in der eigenen Gegenwart immer wieder neu zu wagen. Geradezu prophetisch klingen die Einsichten des katholischen Theologen Hubertus Halbfas, der sich ein Leben lang besonders der pädagogischen Vermittlung des christlichen Glaubens gewidmet hatte, nun aber rückblickend schreibt: *„Die Vermittlung des christlichen Glaubens in den Formeln der Tradition hat ihre Haltbarkeitsgrenze überschritten. Es geht nicht mehr darum, was von diesen Glaubensartikeln die Leute noch glauben und ob sie überhaupt glauben. Statt ‚Glaube' sage ich Engagement, und darin geht es nicht um Vorstellungen, die ich übernehme, sondern um Werte, die ich lebe."*

„Die zunächst gar nicht selbstverständliche Armenfürsorge in den Gemeinden, die Zuwendung zu den Verlassenen, die Pflege der Kranken, die Annahme jener, von denen die Reichen und Gesunden sich abwenden ... hat eine neue Dimension in die Weltgeschichte gebracht. In ihrer Mehrheit sind es unbekannte Menschen, die durch die Jahrhunderte hindurch das Evangelium Jesu lebten ..."[61]

Man muss nicht, wie Halbfas es tut, Glaube durch Engagement ersetzen, weil das Handeln so von seinen nährenden Wurzeln abgeschnitten wäre, aber mit Sicherheit geht es darum, das Evangelium – wie Jesus – tatkräftig, heilend und helfend zu leben, indem auch der soziale Raum mitgestaltet wird.

Denn die Gestalt des gemeinsamen sozialen Raums wirkt sich auch auf die eigene Identitätsbildung aus. Autonomie und Identität des Einzelnen werden wesentlich durch die Bedingungen in diesem öffentlichen Bereich mitgeprägt. Ob und wie wir ein selbstbestimmtes Leben führen könnten, liegt an den anderen, die uns umgeben, und an den kulturellen und institutionellen Rahmenbedingungen, die wir vorfinden und mitgestalten: *„Autonom sind wir nie allein: Wir sind autonom immer in sozialen und politischen Kontexten, ... immer im Zusammenspiel mit anderen."*[62]

In den Sozialwissenschaften wird immer wieder darauf hingewiesen, wie fundamental die Begegnung mit anderen für die Ausbildung der eigenen Identität ist; *„... ein Bewusstsein seiner selbst kann ein Subjekt nur in dem Maße erwerben, wie es sein eigenes Handeln aus der symbolisch repräsentierten Perspektive einer zweiten Person wahrnehmen lernt."*[63] Wenn ich mit anderen spreche, höre ich mich selbst und erlebe, was meine eigenen Worte nicht nur im anderen, sondern ebenso in mir auslösen. Durch das zeitgleiche Einwirken auf mich selbst und auf andere kann ich mich selbst als Objekt so wahrnehmen, wie andere mich auch wahrnehmen. Ich übersteige mein ungegenständliches und nicht greifbares Ich in Richtung auf „mich" als Objekt und gewinne auf diese Weise ein Bild von mir selbst.[64]

Ohne hier im Einzelnen die Konstitutionsbedingungen von Autonomie und Identität nachzeichnen zu können, zeigt dieses einfache Beispiel, dass Menschen immer andere brauchen, um eine Vorstellung von sich selbst ausbilden zu können. Unterschiedliche Ebenen der Anerkennung (Liebe, Recht, Solidarität) verhelfen dem Einzelnen dazu, seine eigene Autonomie vielfältig zu entwickeln. Die Gestaltung symmetrischer Anerkennungsverhältnisse ist darum eine fundamentale Aufgabe, der sich der Einzelne um seiner selbst willen nicht entziehen sollte.

Die Welt besteht aber nicht nur aus dem sozialen Miteinander. In diesem zweiten Kreis bezieht sich „weltzugewandt" ganz wesentlich auch auf den „handwerklichen" Umgang mit Materie und den Materialien der Welt. Die ökologische Krise hat den menschlichen Weltumgang in den vergangenen Jahrzehnten immer mehr problematisiert. Mit verheerenden Folgen bemächtigt sich der Mensch der Ressourcen der Erde. Vor allem durch Technik und Wissenschaft bringt er so die Welt in seine Reichweite, verwandelt Unverfügbarkeit in Beherrschbar- und Nutzbarmachen.[65]

Gibt es neben diesem zerstörerischen Welt-Umgang noch andere Zugänge zur materiellen Welt? Nach einem solchen Zugang sucht der Soziologe Richard Sennett, wenn er auf das „Handwerk" blickt, also auf einen Umgang mit der Welt, in dem von den Dingen und Materialien her Werte und objektive Maßstäbe entstehen. *„Ausdrücke wie ‚handwerkliche Fertigkeiten' oder ‚handwerkliche Orientierung' lassen vielleicht an eine Lebensweise denken, die mit der Entstehung der Industriegesellschaft verschwunden ist. Doch das wäre falsch: Sie verweisen auf ein dauerhaftes menschliches Grundstreben: den Wunsch, eine Arbeit um ihrer selbst willen gut zu machen."*[66]

Sennett fragt auf diese Weise nach (handwerklichen) Tätigkeiten, die nicht in erster Linie einem Zweck dienen, sondern ihren Wert und ihre Schönheit in sich selber haben. Eine handwerkliche Haltung wäre eine nicht-instrumentelle Haltung zu den Dingen, die sich mit Hingabe den Dingen um ihrer selbst willen zuwendet. Im Umgang mit Ton und Stein, Farbe und Metall, Holz und Erde, aber auch in anderen Bereichen wie Labor und Küche, sieht Sennett eine solche Haltung, die die Dinge nicht verzweckt, sondern ihnen ihre einzigartige „Würde" lässt.

Ein solcher „handwerklicher Umgang" mit der Welt fördert die menschlichen „Eigenkräfte". Durch die Härte des Holzes oder das Fließen des Wachses kann der Mensch in etwas außerhalb von ihm eintauchen und seine eigenen Handfertigkeiten erleben: *„Anders ausgedrückt, wir sind ganz in etwas versunken und nicht mehr unserer selbst bewusst, auch nicht unseres körperlichen Selbst. Wir sind zu dem Ding geworden, an dem wir arbeiten."*[67]

Gestaltend verankert sich der Mensch in der Welt und entwickelt Stolz für seine Fähigkeiten. Im Arbeiten, Gestalten, Formen und Üben erweitert der Mensch seine Ausdrucksmöglichkeiten, und sein Selbst reichert sich mit Welt an. Dem in diesem Sinne verstandenen handwerklichen, vielleicht sogar künstlerischen Umgang mit der Welt kommt eine eminente Bedeutung für das Selbsterleben des Menschen zu, wie schon Karl Marx in seinen Frühschriften erkannt hatte. Wir brauchen ein nicht-instrumentelles Verhältnis zur Welt um ihrer selbst willen, um auch zu uns selbst (und zu anderen) ein solches Verhältnis aufbauen zu können. Wenn wir Dinge um ihrer zweckfreien Schönheit und Eleganz willen herstellen und schätzen, können wir diese Haltung auch zu uns selbst einnehmen. *„Der Kern ihrer Existenz, die Selbst- und Weltbegegnung in der Arbeit, meint Marx, wird den Menschen zum bloßen, äußerlichen Mittel ihrer Existenz: zum Gelderdienst ... In der Summe aber führt dies zu einer unaufhebbaren Selbstentfremdung. Marx teilt damit die Erkenntnis, dass Selbst- und Weltverhältnisse stets aufeinander angewiesen sind – ohne ein intaktes*

Weltverhältnis kann es kein gelingendes Selbstverhältnis geben und vice versa. Wer sich selbst nicht spürt, kann sich die Welt nicht anverwandeln, und wem die Welt stumm und taub geworden ist, dem kommt auch das Selbstgefühl abhanden."[68]

Handwerkliches Wirken trägt so seinen Sinn und seine spirituelle Dimension in sich. Diese Dimension wieder freizulegen und Resonanzräume zu schaffen, in denen zweckfreie und nicht von anderen bewertete Freude am Tun im Vordergrund stehen, gehört damit essenziell zum Spirituellen. Das Spirituelle trägt, wenn es frei ist von Zweckrationalität und Erfolg. Darin liegt wohl nicht zuletzt die bleibende Bedeutung der Kunst, die Handwerk und Kunsthandwerk miteinander verbindet.

5.3 Mit einem geöffneten und einem geschlossenen Auge die Gegenwart Gottes feiern – Das Liturgisch-Kultische

In dem Roman „*Der Fuchs war damals schon der Jäger*" schildert die Schriftstellerin Herta Müller eine Schulszene, in der durch die Erzählung eines Kindes das Besondere des Liturgisch-Kultischen fassbar wird: „*Nach der Stunde setzt sich das Kind aufs Fenstersims und gähnt. Es sei in der Nacht mit seiner Mutter hinter der Kathedrale gewesen, zwei Straßen weiter dort hinter der Brücke, sagt das Kind. Dort wohnt der ungarische Pfarrer, dort waren viele Leute beten und singen. Auch Polizisten und Soldaten waren da, sie haben nicht gebetet und nicht gesungen, nur zugesehen. Es war kalt und dunkel, sagt das Kind. Wenn man betet und singt, friert man nicht, hat meine Mutter gesagt. Deshalb haben die Leute nicht gefroren. Und weil ihre Gesichter und Hände hell waren von den brennenden Kerzen. Auch meine Hände, sagt das Kind. Wenn man eine Kerze vor das Kinn hält, leuchtet sie durch den Hals und durch die Hand. Das Kind drückt seine linke*

Hand mit ausgestreckten Fingern an die Fensterscheibe. Die Polizisten und Soldaten haben gefroren, sagt das Kind."[69]

Auf einzigartige Weise wird in dieser kurzen Erzählung anschaulich, wie Beten und Singen die bedrohliche Anwesenheit der Soldaten und die Kälte auf der Straße überwinden. Die angespannte politische Situation im Rumänien der 80er Jahre des vergangenen Jahrhunderts bildet den Hintergrund dieser liturgischen Erfahrung: *„Wenn man betet und singt, friert man nicht."* Die vielen, die auf den Straßen Kerzen entzünden und vor ihre Gesichter halten, verwandeln die öffentliche Straße in einen Ort der Andacht. Das Kultisch-Liturgische vollzieht sich in der Regel in geschützten und bergenden Räumen, in der, so würde ich es nennen, Halböffentlichkeit. Solche Räume sind keine Privaträume wie das stille Kämmerlein, sie sind auch in der Regel nicht die öffentliche Straße, sondern etwas dazwischen. Alle religiösen Räume nehmen eine solche Mittelstellung zwischen privat und öffentlich ein, weil sie zwar öffentlich zugänglich sind, aber die in ihnen herrschende Atmosphäre gleichwohl eine andere als die der Straße ist. Aber auch öffentliche Orte können zu liturgisch-kultischen Räumen werden.

Das Liturgisch-Kultische nimmt nicht nur räumlich eine Mittelstellung ein. Denn in diesen Bereich fließen das Mystische des Einzelnen und das Öffentliche des Handelns zusammen. Daher symbolisieren ein geschlossenes und ein geöffnetes Auge diesen Bereich. Die Gemeinschaft, die sich an diesen Orten versammelt, blickt in beide Richtungen: nach außen in die Welt und nach innen auf die leiblich erfahrbare Gegenwart Gottes. *„Wer betet, verändert sich, weil er sich verändern lässt, und wer sich betend verändert, verändert seine Weise, in der Welt zu leben … Eben des-*

halb schließt rechtes Beten die Betenden anderen gegenüber nicht ab, sondern es schließt sich für sie auf. Wer von Gott auf Gott hin geöffnet wird und das im Gebet und mit dem Beten zum Ausdruck bringt, der zeigt zugleich, dass man nicht auf Gott hin geöffnet werden kann, ohne auf andere Weise auf seine Mitmenschen und seine Umwelt bezogen und für sie geöffnet zu werden. Die Grundformen des Betens sind daher der Dank an Gott und die Fürbitte für andere, und beides blieben hohle Worte, wenn sie nicht Ausdruck einer verpflichtenden Lebensgestaltung sind. Deshalb kann man nicht ernsthaft beten, ohne anders zu leben."[70]

Was und worum gemeinschaftlich gebetet wird, folgt aus der Wahrnehmung der zerrissenen und wundgescheuerten Welt da draußen, die in den Gebeten eben gerade nicht ausgeblendet, sondern auf besondere Weise präsent ist – als Ziel der Bitte um Verheilung und Verwandlung. Ob das Liturgisch-Kultische stimmig und kraftvoll erlebt wird, hängt an der Wahrnehmung und dem Engagement in und für diese rissige Welt. Wenn der Schmerz und die Klage, das Leiden und das Zerrissensein der Menschen und aller anderen Kreaturen vor den Kirchentüren bleibt, verliert der Kultus seine Tiefe und seine Berufung. Ob eine Gemeinschaft ihr Gesicht mit offenen Augen der Welt zugewandt hat, wird in der Liturgie und im Kultus sichtbar und spürbar. Ob es wirklich warm wird, hängt von der Ernsthaftigkeit des Betens und Singens ab. Auf der anderen Seite braucht der Kultus die individuelle Erfahrung der Suche nach der heilenden Gottesnähe der Einzelnen, die diese in das gemeinsame Gebet mitbringen. Wie ein Orchester nur klingt, wenn die einzelnen Instrumente daheim auch gespielt wurden, so gewinnt der Kultus auch nur dann an Kraft, wenn er sich auf diese Erfahrungen stützen kann. Der Kultus trägt seine Voraussetzungen nicht in sich selbst. Er bleibt angewiesen auf das Ineinander des Mystischen und des Tätigen.

Jede sogenannte Gottesdienstreform, die diesen Zusammenhang nicht beachtet, wird Mühe haben, Früchte zu tragen. Im Liturgisch-Kultischen verbinden sich die Suche nach Sinn, die Erfahrung der Präsenz Gottes und die Ausrichtung auf das Engagement für das Wohl der Welt. Jedes Element für sich allein wäre zu schwach, den Kultus zu tragen. Selbst-, Welt- und Gottesverständnis werden im gemeinsamen Beten und Feiern immer wieder aufs Neue aufeinander bezogen: „*So verstanden, ist das Gebet der Ort, an dem deutlich wird, dass Gott dem menschlichen Leben so nahekommt, dass es von Gott ganz auf Gott hin geöffnet wird und damit einen Mehrwert an Sinn gewinnt, den es von sich aus nicht hätte: dass es der Ort ist, an dem sich die Gegenwart Gottes erschließt und Gottes Liebe für Menschen zugänglich wird. Das ist zwar immer wahr, aber nicht immer und jedem deutlich. Wo es deutlich wird, kommt es zum Gebet, und wo gebetet wird, verändert sich menschliches Verstehen in dreifacher Weise: Es kommt zu einem neuen Selbstverstehen, Gottverstehen und Weltverstehen. Betende verstehen sich als Geschöpfe, Gott als Schöpfer, die Welt als Schöpfung …*"[71]

Zu Gründonnerstag hat Martin Luther auf das Ineinander dieser Dimensionen im Kultus mit Hilfe der Metapher des Brotes bzw. „Kuchens" hingewiesen: „*So fasset er (Christus) widerumb mein sunde auff sich, meyn todt, meyn hell, und backen also ynn einander, und werden eyn brot und eyn kuchen miteinander. Und so wyr denn mit Christo eyn Kuchen sind, so wirckt das selbige soviel, das wyr auch untereinander eyn ding werden.*"[72] Im Kultus „backen" nicht nur der Einzelne mit seiner Geschichte und privaten Hölle mit Christus heilsam zusammen, so dass ein Teig und ein Kuchen daraus wird. Auch die Einzelnen der Gemeinschaft werden im Kultus miteinander verbunden, so dass auch sie „ein Ding" werden.

Damit vollziehen sich im Kultus mehrere Transformationsprozesse: Zum einen wird der Einzelne durch die Anwesenheit der anderen mit Christus verbunden. Zum anderen entsteht die comunio sanctorum, die Gemeinschaft der Heiligen, durch die gemeinsame Teilhabe am Heiligen. Durch die Copräsenz der anderen wird Gottes Gegenwart im Vollzug des Rituals für den Einzelnen greifbarer und verstärkt sich. Die feiernde Gemeinschaft erhebt den Einzelnen über sich hinaus und eröffnet ihm Anteil an der ihn übersteigenden Transzendenz. Martin Luther formuliert diese Erfahrung sehr eindrücklich: *„Das Gebet ist nirgends so kräftig und stark, als wenn der ganze Haufen einträchtig miteinander betet."*[73]

Im Kultus erlebt der Einzelne damit eine Macht, die jenseits seiner eigenen Möglichkeiten liegt und mit der er gleichwohl verbunden ist. *„Gibt es eine Wirklichkeit, die die Übermacht repräsentiert, die Gläubige Gott zuschreiben? Ja, ‚Gesellschaft' ist eine Kraft, die größer ist als alle Individuen; sie kann über Leben und Tod entscheiden, jeder hängt von der Gesellschaft ab, hängt im Inneren seiner Identität mit ihr zusammen …*

Es ist keine Illusion, dass etwas außerhalb unseres Selbst da ist, mächtig und doch unsichtbar, wie ‚Gott', wie ‚Gesellschaft'. Die Gesellschaftsanalogie Gottes und die Gottanalogie der Gesellschaft existieren sowohl im Inneren unseres Lebens als auch im Äußeren, für uns, wie für andere. Wir alle sind Teil der Gesellschaft. Die Gegenüberstellung von Ich und Gesellschaft ist falsch … Das macht Religion so fundamental: Religion drückt die essentiellen Fakten unserer Existenz aus. In Religion kommt eine Strukturähnlichkeit bzw. Wahlverwandtschaft zwischen religiöser Symbolik und gesellschaftlicher Existenz zur Sprache und gewinnt exemplarische Realität."[74]

So erschließen sich den rituell Feiernden die miteinander verknüpften Grundbedingungen menschlicher Existenz, die sich im Gottesbegriff wie in einem Brennglas verdichten.

Der Kultus ist die zentrale Schnittstelle religiösen Lebens. Darum lässt sich die Krise des Gottesdienstes nur aus diesem Zusammenhang heraus richtig verstehen: Es geht nicht darum, dass bestimmte liturgische Formen des Gottesdienstes den Zeitgenossen fremd geworden sind. Es geht nicht darum, dass nur wenige Orgelmusik mögen oder die Predigten zu lang und kompliziert sind. Die Krise des Gottesdienstes hat weniger mit ihm selbst zu tun als mit den Voraussetzungen, von denen er lebt. Wenn der Kult nicht mehr vom persönlichen Gebet des Einzelnen und nicht mehr vom weltzugewandten Handeln der Gemeinschaft gestützt wird, verliert er seinen Glanz, wird er beliebig und stumpf. Die Krise des Gottesdienstes lässt sich weder durch liturgische Qualitätssicherung noch durch raffinierte Predigten beheben. Wenn der Kultus von den ihn speisenden Quellen abgeschnitten wird, vertrocknet er.[75]

Im Gottesdienst geschieht etwas, das wir der Gegenwart Gottes, seinem Geistwirken, zuschreiben dürfen, das über die Zeit des Gottesdienstes hinaus wirkt und sich dennoch in ihm konzentriert. Wo immer sich Transformationsprozesse zeigen, ist Gott gegenwärtig. Mir scheint, dass das Apostolikum in seinem letzten Drittel die Kraft des Rituals und was es leistet angemessen beschreibt:

Ich glaube an den Heiligen Geist – Ich glaube, dass die vielen alltäglichen und nicht-alltäglichen Übergänge und Passagen von Gottes Gegenwart unterstützt werden.

die heilige christliche Kirche – wo immer das Folgende geschieht, dürfen wir von Kirche sprechen:

Gemeinschaft der Heiligen oder, wie man comunio sanctorum auch übersetzen kann, Gemeinschaft am Heiligen – es geht um Heil und Verheilung, weil das Leben stockt und stottert, weil es blockiert und in Gefahr ist. Es geht um Teilhabe am Heiligen und Teilwerden einer Gemeinschaft im Hier und Jetzt, in der dieses Heilwerden erlebt werden kann, und zwar in einem Dreischritt:

Vergebung der Sünden: Das Alte, Misslungene, die Wunden werden benannt. Hier ist Raum für Gefühle der Klage und der Unsicherheit, das Sichtbarmachen des Missglückten, das Zeigen der Wunden. Im rituellen Feiern der Gegenwart Gottes vollzieht sich die Loslösung vom Alten, das Abstreifen der alten Haut, Häutung im wahrsten Sinne des Wortes, in der Sprache der Mystik: Reinigung.

Auferstehung der Toten: Der Vorschein des Neuen wird sichtbar und erlebbar. Die Auferstehungskraft für den Neuanfang mit Haut und Haaren scheint auf und leuchtet. Das Ritual nimmt vorweg, lässt erleben und macht anschaulich, was im strengen Sinne nicht und noch nicht durchgängig sichtbar ist: Die Körper der Anwesenden, die miteinander singen und Abendmahl feiern, stehen auf vom lähmenden Tod und werden hoffnungsvoll lebendig.

Und das ewige Leben: Das Leben wird auf diese Weise neu am Wesentlichen ausgerichtet; ewiges Leben ist nichts, was dann noch irgendwann kommt, sondern ist schon jetzt die Tiefendimension, in der sich das Wesentliche vom Unwesentlichen trennt. Ewiges Leben ist der Geschmack des Gültigen, der auf der Zunge liegt und in den Alltag mitgenommen wird. Alles wird daran gemessen und daraufhin ausgerichtet.

Diesen rituellen Dreischritt beschreibt das Apostolikum: Abstreifen des Alten, Vorschein des Neuen, Ausrichtung auf das Wesentliche. Wie immer liturgische Feiern gefeiert werden, diese drei Dimensionen als Teilhabe am Heil, so würde ich behaupten, machen die Leistungsfähigkeit von Ritualen und Passageriten aus und beschreiben zugleich ihre innere Struktur. Ich schlage vor, diese innere Struktur als „Re-framing" zu bezeichnen. Dieser Ausdruck aus der Psychologie und Beratungsarbeit ist hilfreich, weil er beschreibt, was sich in einem Ritual, wenn es gelingt, vollzieht: Ein Ereignis, eine Situation bekommt einen neuen Rahmen. Ein Einzelschicksal wird aus seiner Vereinzelung herausgeholt und durch einen erweiterten Rahmen zu anderem in Beziehung gesetzt. Vereinzelung und Kontaktabbruch werden so aufgebrochen.

Darin zeigen sich – auch trotz und in aller Buntheit – die inhaltlichen Kriterien für gelungene Rituale und Liturgien. Darüber hinaus treten auch formale Kriterien hinzu, die sich aus der Tatsache ergeben, dass religiöse Prozesse Lebensphänomene sind, die sich nicht losgelöst von sozialen und psychologischen Logiken vollziehen.

Fremdheit und Passivität

Rituale, die in Stil, Form und Inhalt nur dem Horizont der Beteiligten entspringen, leisten im eben beschriebenen Sinn kein Re-framing und keine comunio sanctorum, kein Erleben von Heilung, weil sie nur Selbstgespräche sind.

Wenn Rituale gelingen sollen, müssen sie mehr sein als nur Ausdruck persönlicher Frömmigkeit und Spiritualität der Betroffenen. Es braucht einen Gegenpol, den fremden Blick, das andere Wort, das das Selbstgespräch heilsam unterbricht. Die Beteiligten müssen auch ihre Passivität erleben, in der an ihnen und für sie gehandelt wird. Der Pfarrer/die Pfarrerin ist Symbol dieser „Über mich hinaus Dimension". Es braucht meines Erachtens beides: aktiven eigensinnigen Ausdruck und die Bereitschaft zur Passivität; das Wissen um das eigene Können und das Vertrauen in das, worüber ich nicht verfüge.

Sprache und Phantasie

Damit Rituale gelingen, braucht es eine konkrete und anschauliche Sprache, die Menschen verstehen und nachvollziehen können. Religiöse Sprache ist mehr als die Jesus-Soße, die über alles und jeden geschüttet wird. Die konkrete Situation, der konkrete Anlass des Ritualgeschehens müssen klar und deutlich benannt werden. Zugleich muss das Ritual eine Sprache der Tiefe sprechen, die den Alltagshorizont übersteigt. Um die religiöse Tradition zum Sprechen zu bringen, braucht es Phantasie, Gespür und Mut.

Weitung – mehr als individuelle Lebensgeschichten

Angesichts immer neuer Lebensrhythmen und Lebenszyklen braucht es ganz sicher immer wieder auch neue

Ritualhandlungen, die individuelle und existenzielle Übergänge begleiten: berufliche Übergänge, Scheitern von Beziehungen und Hoffnungen, Zusammenleben von Teilfamilien, Auszeiten und Ausstiege und vieles mehr. Hier braucht es viel mehr Phantasie und Angebote als bisher. Das Leben in der Spätmoderne ist risikobehaftet und schwierig. Menschen sehnen sich in solchen Phasen nach Begleitung, Unterstützung, liebevoller Infragestellung und Orientierung. Angesichts der globalen Krisen frage ich mich, auf welche Weise auch globale Krisen viel mehr dargestellt und mit der Frage nach möglicher Heilung verbunden werden könnten: das Artensterben, das Ende fossiler Ressourcen, Hungerkatastrophen, globale Ungerechtigkeit etc. Das Seufzen der Kreatur hat bislang viel zu wenig Raum in unserem liturgischen Handeln. Wie könnten wir diesen Themen in und durch Ritualhandlungen mehr Raum und Gewicht verleihen?

Mit diesen letzten Überlegungen zu Kult und Ritual schließt sich der dritte der drei Kreise. Nachdem wir nun alle drei Kreise durchschritten haben, können wir nun einen Schritt zurücktreten und nochmals das erweiterte Unendlichkeitszeichen als Ganzes in den Blick nehmen.

6. Wo das Dritte Paradies entsteht – Die Gemeinschaft Sant'Egidio

Das erweiterte Unendlichkeitszeichen des Dritten Paradieses symbolisiert anschaulich, was tragfähige Religion ausmacht: Das Kontemplativ-Meditative, das Liturgisch-Kultische und das weltzugewandte Handeln und Gestalten stehen in diesem Modell nicht beziehungslos nebeneinander, sondern ergeben ein fließendes Gleichgewicht. Alle drei Bereiche brauchen einander, um sich nicht in sich selbst abzuschließen und schlussendlich zu erstarren. Die größte Versuchung des Spirituellen besteht in der Abschottung der drei Bereiche voneinander. Spiritualität verkommt zum egomanischen Selbstgespräch, wenn sie nicht gemeinschaftlich verankert und weltzugewandt gelebt wird. Das Kultische verliert an Glaubwürdigkeit, wenn es nicht leidsensibel die Augen für die Zerrissenheit der Welt öffnet und handelnd für die Müden, Erschöpften, Ausgelaugten und Verlorenen eintritt. Wer sich nur handelnd versteht, wird dauerhaft die Quellen verlieren, aus denen sich der Mut und die Kraft zum Handeln speisen. Kurzum: Das erweiterte Unendlichkeitszeichen zeigt das In- und Miteinander der drei wesentlichen Aspekte des Spirituellen.

Als sich mir das hier vorgestellte Modell nach und nach erschloss, wusste ich noch nichts davon, dass es tatsächlich eine Bewegung gibt, die dieses Modell in besonderer und ausdrücklicher Art und Weise praktiziert: die Gemeinschaft von Sant'Egidio. Anders noch als die Gemeinschaft von Taizé, die vor allem durch ihre liturgischen und kontemplativen Impulse tiefe Spuren in der Spiritualität der Gegenwart hinterlässt, verknüpft sich bei Sant'Egidio der Blick auf die Menschen am Rand der Gesellschaft mit dem gemeinschaftlichen Abendgebet, das überall auf der Welt, wo Sant'Egidio tätig ist, gefeiert wird.

Die in Rom entstandene Gemeinschaft lässt sich vielleicht am besten durch die drei „P" charakterisieren, die ihre Arbeit durchziehen: preghiera (Gebet), poveri (die Armen), pace (Friede).

Wie in einem sehr langen Interview mit dem Gründer dieser Gemeinschaft, Andrea Riccardi, über den Weg und die Spiritualität der Gemeinschaft deutlich wird, müsste eigentlich noch ein viertes „P" hinzugenommen werden: periferia (Peripherie)[76], denn seit ihren Anfängen agiert die Gemeinschaft an der Peripherie der Städte und Gesellschaften: *„Wir waren eine Gruppe blutjunger Studenten, die gegen Ende der 1960er Jahre die Wahl für die Peripherien getroffen hat. Auf Motorrollern sind wir damals bis in die Barackensiedlungen und heruntergekommensten Viertel Roms gefahren ... An einem bestimmten Punkt jedoch haben wir angefangen, von der Peripherie aus auch hier in Trastevere einen Vorstoß zu wagen in diesem alten, baulich verwahrlosten Kloster. Mehr noch, als einen ‚offiziellen' Sitz zu haben, war es unser Wunsch, im Zentrum von Rom einen Bezugspunkt zu haben, der allen zugänglich wäre. Das hatte einen symbolischen und deshalb verbindenden Wert: Das Gebet war und sollte das Zentrum unseres Lebens und unseres Engagements für die Ärmsten bleiben.*

Dieses ‚Zentrum' war deshalb nicht einfach ein vorhandener Ort: Es war ein Fundament, ein inspirierendes Motiv. Und es konnte nicht körperlos, ohne Fleisch bleiben, und so sind unmittelbar um das Kirchlein Sant'Egidio herum und dann um die Basilika Santa Maria in Trastevere die Orte entstanden, in denen das Gebet – wie gesagt – Fleisch wird: die Mensa für die Armen, das Haus für die Kranken, das Haus für die Obdachlosen, die Arztpraxen ..."[77]

Sant'Egidio ist damit gelungen, was an vielen anderen Orten fehlt: Den Zusammenhang von Gebet und gemeinschaftlicher Solidarität wiederherzustellen. *„Die Gemeinschaft war und ist – auch im Engagement für die Armen – eine grundlegende Entscheidung. Aus diesem Motiv heraus wird die Arbeit für die Armen im Leben der Mitglieder der Gemeinschaft eine Arbeit mit den Armen."*[78]

Im Zentrum der abendlichen Gebete stehen die Kranken und Leidenden. Jeder Ort, an dem Sant'Egidio tätig ist, hat ein Buch, in das die Namen derer geschrieben werden, die mit der Gemeinschaft verbunden sind. Aus diesem Buch werden immer wieder zur Erinnerung einige dieser Namen gelesen. Auch wird regelmäßig an die Orte erinnert, an denen (noch immer) Krieg herrscht. *„Für die Kranken beten heißt, die Augen für diese Welt zu öffnen, die oft verschüttet bleibt, verschwiegen, verborgen in der Stille und Einsamkeit …*

Und es ist ein tatkräftiges Gebet, das sich auch in konkreten Taten für andere niederschlägt. Aber es ist auch ein Gebet, das die Gegebenheiten des Lebens in eine Anrufung übersetzt: die Nähe zu den Kranken, das Innehalten bei denen, die uns brauchen, das Wissen um die Begrenztheit dessen, was man für andere tun kann, obwohl man noch mehr tun müsste …

Das Gebet besteht nicht nur aus Worten: Es ist aus Fleisch und Blut, es hat ein Gesicht, lässt ein ums andere Mal diesen oder jenen Namen erklingen, bezieht sich auf Personen und Geschichten …

Wenn wir an die Länder erinnern, die unter Krieg und Gewalt leiden, ist das, als ließen wir einen Rosenkranz aus Schmerzen durch die Finger gleiten, während wir mit dem Verstand und dem Herzen weit weg von uns selbst gehen …"[79]

Es verwundert daher nicht, dass für Sant'Egidio die Geschichte des barmherzigen Samariters seit 50 Jahren eine Quelle der Inspiration ist. Denn in dieser Geschichte spiegeln sich die Muster, aus denen die Gemeinschaft ausbrechen möchte: *„Ich will damit sagen, dass das Christentum selbst der Menschheit dienen soll, konkret also diesem halbtoten Menschen am Rand der Straße von Jericho nach Jerusalem: So wird das Christentum ein Ausstieg aus der Religion des Leviten und des Priesters: Es heißt, die Aufmerksamkeit auf die Straße zu richten und dem Verwundeten zu Diensten zu sein."*[80]

Im Leben von Sant'Egidio zeigt sich, wie das Liturgisch-Kultische und das praktische Engagement ineinanderfließen und einander bereichern: Das eine wäre ohne das andere nicht denkbar und vor allem nicht lebbar.

Der Gemeinschaft kommt dabei eine Schlüsselrolle zu, denn gegen die Vereinzelung und gegen den Trend, nur seine eigenen Interessen zu vertreten, werden das Zusammenkommen und das gemeinsame Feiern an sich schon zum symbolischen Widerstand gegen die Zeit.

„Sich als Gemeinschaft zusammenzufinden, ist schon gegen den Strom und schon eine Art Prophetie für die Zeit, in der wir Leben."

„Die Gemeinschaft ist ein Volk von Demütigen und Armen. Demütig sind jene, die versuchen, nicht nur für sich selbst zu leben."[81]

Zugleich kommt auch dem Kontemplativ-Meditativen, wenn auch auf den ersten Blick nicht so deutlich, eine wichtige Rolle zu. *„Die Laien sind – in diesem Sinne – zu einem tief spirituellen Leben aufgerufen: Ihr Herz muss die Klause sein, in der sie dem Herrn begegnen, während sie im tatsächlichen Leben in die Welt versetzt sind."*[82]

Um dem egozentrischen Geist der Gegenwart etwas entgegensetzen zu können, braucht es neben der Gemeinschaft die individuelle „Herzensbildung", in der der Einzelne sich mit seinen eigenen destruktiven Kräften in die Gegenwart Gottes versetzt, um geheilt zu werden, um zu lernen, auch diese Abgründe nicht zu verstecken, sondern sie Gott bittend hinzuhalten. *„Das Gegenteil des Friedens ist nicht der Krieg, sondern der Egoismus. Es gibt eine egoistische und egozentrische Kultur, die früher oder später in Gewalt mündet. Unsere Gesellschaften sind oft voller Groll und Hass … Auf* *persönlicher Ebene müssen wir den Egoismus in uns besiegen, die Wurzel der Gewalt.“*[83]

Der Kampf des Einzelnen mit den Dämonen, wie ihn die Wüstenväter beschreiben, bleibt eine der Voraussetzungen, anderen helfen zu können. Und auch das gemeinschaftlich gefeierte Gebet braucht die innere Auseinandersetzung des Einzelnen im stillen, verborgenen Kämmerlein mit und vor Gott. Ebenso wie das individuelle Gebet formt und stärken die Lektüre der Heiligen Schrift, das Sich-Versenken in die Tradition den Einzelnen und machen ihn bereit für die Gemeinschaft und den Kampf im Alltag der Welt. *„Es bedarf einsichtiger Menschen. Kluge Männer und Frauen, geformt durch die Lektüre der Bibel und das Gebet, Experten in Sachen Menschlichkeit, gebildet, halten zusammen, klären auf, dienen (mehr als man glaubt) dem Guten in einer Welt, die aufgrund ihrer Vielfalt auseinanderzufallen oder allzu qualvolle Gegensätze hervorzurufen droht … Die globalisierte Welt braucht Persönlichkeiten, die tief verwurzelt sind an dem Ort, an dem sie leben und wirken, zugleich aber auch offen für die ganze Welt.“*[84]

Ich habe Andrea Riccardi als Stimme von Sant'Egidio so ausführlich zu Wort kommen lassen, weil ich derzeit wenige Bewegungen kenne, die die Bedeutung der drei Bereiche des Spirituellen intuitiv so klar erfasst haben und leben. Spirituelle Aufbrüche bleiben nicht selten einseitig, weil sie sich entweder der Rettung des Einzelnen verschrieben haben (und nicht selten die Form säkularer Spiritualität annehmen), sich weltabgewandt in liturgischen Erneuerungen versuchen oder aber sich im diakonischen Einsatz profilieren, ohne ihre geistlich-mystischen Quellen zu pflegen. Sant'Egidio führt wie kaum eine andere Gemeinschaft das gelungene Ineinander der drei Dimensionen des Spirituellen vor Augen.

7. Die politische Mystik der Psalmen

Wie kein anderes biblisches Buch hat der Psalter das Beten vieler Generationen von Glaubenden geprägt. Immer schon wurden die Psalmen besonders in den Ordensgemeinschaften gelesen und meditiert. Und auch die Bewegung von Sant'Egidio steht in dieser Tradition.

Kaum ein biblisches Buch zeigt so eindrucksvoll, wie menschliche Gebete, die an Gott gerichtet werden, zum Gotteswort für andere werden können. Dabei erweist sich der Psalter in seiner Grundstruktur als alles andere als weltabgewandt, individualistisch und unpolitisch. Vielmehr verknüpft sich das einübende Beten des Einzelnen mit einer Gemeinschaft, die das Eintreten für Gerechtigkeit und Friede durch ihre Gebete hindurch Wirklichkeit werden lässt. Dies lässt sich bereits in Psalm 1 und 2 ablesen, die den Psalter in diesem Sinne einleiten. *„Die spirituelle Übung des Murmelns, die Psalm 1 an die Hand gibt, schafft Zutritt zu der Gegenwelt Gottes, in der der Traum von Gerechtigkeit weitergegeben wird. Ich beschäftige mich mit Worten, die zunächst nicht meine eigenen Worte sind. Ich lese sie, reibe mich daran, gehe damit um. Worte werden durchgekaut, in denen die Mütter und Väter ihre Glaubenserfahrungen ausgedrückt haben. Ich verleibe mir diese Worte ein … Und so kommt Gott in einzelnen Menschen zur Welt."*[85]

Die zentrale Figur, um die der Psalter immer wieder kreist, ist der Messias. Diese königliche Hoffnungsgestalt stellt sich den gewalttätigen Machthabern entgegen und symbolisiert so die Vision eines auf Gerechtigkeit und Friede gründenden Miteinanders. Im Lauf der Geschichte Israels haben sich die Hoffnungen auf einen solchen realen Friedensherrscher immer wieder zerschlagen. Dennoch gab Israel den messianischen Gedanken nicht preis, sondern transformierte ihn: Wer sich die Weisungen Gottes betend, meditierend, murmelnd aneignet, wird Teil der messianischen Bewegung, die auf universale Gerechtigkeit und Recht zielt. So ist die Spiritualität der Psalmen immer politisch, weil durch die Gebete des Einzelnen hindurch eine Gemeinschaft entsteht, die sich im Benennen des Unrechts, im Aufschrei über erlittene Gewalt der brutalen Gegenwart nicht beugt, sondern ihr widersteht. *„Die Messiasfigur, die der Psalter aus dem Trümmerhaufen gescheiterter Geschichte rettet, ist keine Einzelfigur. Sie nimmt Gestalt an in den Frauen und Männern, die sich mit den Psalmen auf den Weg machen ... Die Betenden werden durch den Psalter in eine messianische Existenz hineingenommen. Sie entdecken die eigene messianische Kraft und üben sie ein."*[86]

Wie wir nun im nächsten Kapitel sehen werden, versucht Freestyle Religion diesen Zusammenhang wiederherzustellen und betont dabei die individuelle Freiheit, sich eigensinnig in diesen Strom zu stellen und sich autonom diese Tradition anzuzeigen und der Versuchung unpolitischer Selbstfixierung zu widerstehen.

III.
Freestyle Religion für das 21. Jahrhundert

Nachdem wir das Phänomen Religion in den Blick genommen und die drei Bereiche beschrieben haben, deren Verschränkung die konstitutive Grundstruktur des Spirituellen und Religiösen darstellt, können wir nun die drei Hauptaspekte des „Spirit" von Freestyle Religion beschreiben.

1. Nicht-doktrinär spirituell

„In der weichen Fassung scheint Religion am besten mit dem Begriff der Spiritualität bezeichnet zu werden. Das semantische Dunkel, das dieses Wort umhüllt, sollte man nicht als seine Schwäche, sondern vielmehr als ein ausgeprägtes Merkmal von Stärke betrachten. Denn die Substituierung von Religion durch Spiritualität schafft eine enorme Entlastung: Wer sich spirituell identifiziert, vermeidet die Festlegung auf jegliches Dogma bzw. auf die klassischen Glaubenssätze des Bekenntnisses. Der Kanon solcher Grundsätze kann erfolgreich umschifft werden und die Verpflichtung auf einen Ritus ist nicht vorgesehen. Spiritualität fungiert als das Fanal freischwebender Religiosität. Sie lebt von eher vagen Anleihen bei der sogenannten mystischen Tradition, erlaubt einen ungehemmten Synkretismus oder gegebenenfalls eine Aneignung fremder Religionen gemäß den eigenen Vorstellungen und Erwartungen ..."[87]

Obwohl im Ton, mit dem der Theologe Jean Pierre Wils hier Spiritualität beschreibt, der abwertende Unterton kaum zu überhören ist („dunkel", „vage", „Vermeidung von Festlegung", „ohne Verpflichtung", „Fanal", usw.) lässt sich, so meine ich, seine Beschreibung von Spiritualität durchaus auch positiv lesen. Diese Form der Religiosität „schafft Entlastung", indem sie sich nicht an vorgegebene Dogmen kettet. Könnte es denn sein, dass die überlieferten Dogmen eben gerade deshalb als unnötig erlebt werden, weil sie im gegenwärtigen Kontext keine Evidenz mehr in sich tragen, also schlicht stumm geworden sind, keine Hinführung zu möglichen Erfahrungen oder Hinweise zur Deutung von gemachten Erfahrungen mehr zu geben vermögen?

Wäre eine dogmenfreie Spiritualität dann nicht die für die Gegenwart angemessene Form der Religion? Doch welche Rolle spielen Dogmen überhaupt für die Identität von Religion? Sind sie primär und notwendig? Ist eine nicht-doktrinäre Religion überhaupt denkbar, ohne dass diese an Substanz verliert?

Die hier aufgeworfenen Fragen lassen sich mit einem Seitenblick auf die Philosophie beantworten, denn dort hat der Zürcher Philosoph Michael Hampe einen solchen Vorstoß gewagt und die Konturen einer nicht-doktrinären Philosophie beschrieben. Wie sieht eine solche nicht-doktrinäre Philosophie aus? Mit welchem Recht verbannt sie die Lehren der Alten aus ihrem Kanon? Und ist ein solcher Ansatz auf den religiösen Bereich übertragbar?

In seinem 2014 in erster Auflage erschienenen Buch *„Die Lehren der Philosophie. Eine Kritik"* geht Hampe zur eigenen Philosophenzunft in Opposition. Die Aufgabe der Philosophie sieht er nicht länger darin, Behauptungen aufzustellen und diese in ein Denksystem zu pressen, das dann gelehrt wird. Darin habe die Philosophie viel zu lange ihre Hauptaufgabe gesehen. *„Menschen, die immer nur darüber informiert werden, was der Fall ist, lassen sich auch von Experten darüber informieren, was in ihrem Leben der Fall ist und wie es jetzt weiter zu führen ist. Es gibt jedoch keine Experten für das eigene Leben."*[88]

Wenn sich die Philosophie auf dieser Sprachebene bewegt, kann sie sich immer nur auf das Allgemeine und nie auf das Leben des Einzelnen beziehen. Alle Theorien über das richtige oder das gelungene Leben verfehlen das individuelle Leben und versetzen den Einzelnen gerade nicht in die Lage, selbstständig auf gemachte Erfahrungen zu reagieren. *„Deshalb sollte Philosophie vor allem als eine reflektierende Tätigkeit, der einzelne Menschen nachgehen, unterrichtet werden, so wie die Malerei und der Umgang mit Pinsel, Farbe und Leinwand. Aber das Lehren einer reflektierenden oder gestaltenden Tätigkeit besteht nicht in der Weitergabe einer Doktrin, einer Behauptungssammlung, an die sich ‚alle' zu halten haben. Es geht vielmehr um die Weitergabe von Fertigkeiten …"*[89]

Die wichtigste „Fertigkeit", so Hampe, die es zu erlernen gelte, ist die Fähigkeit, auf die Widrigkeiten des Lebens reflektierend und sprachlich reagieren zu können. Hampe versteht die Philosophie also nicht als historische Ansammlung alter Weisheiten vergangener Zeiten, sondern als Instrument, das der Einzelne sich aneignen kann, um sein Leben sinnvoll führen zu können. *„Ich greife diesen Gedanken auf und versuche ein Verständnis von Philosophie zu entwickeln, wonach die reflektierende philosophische Tätigkeit ein Experimentieren mit Begriffen ist, um die Fähigkeit zu erwerben, auf die eigenen Erfahrungen reflektierend zu reagieren und gegebenenfalls das menschliche Leben in der Kultur, in der man sich entwickelt hat, zu verändern. In diesem Anspruch – auf die eigene persönliche Erfahrung reagieren und das Leben in der eigenen Kultur* *verändern zu können – unterscheidet sich die nichtdoktrinäre Philosophie von der Wissenschaft, die Veränderungen im Leben der allgemein vorgestellten Menschen über Technik durchsetzen kann."*[90]

Der Philosophie steht nicht das Instrumentarium der Technik, sondern lediglich Reflexion und Sprache zur Verfügung. Sprachlich gilt es, dem Einzelnen zu seiner eigenen Stimme zu verhelfen, durch die er seine gemachten Erfahrungen gedanklich zu fassen und sprachlich zu äußern lernt, um sich selbst und die Welt, in der er lebt, zu verbessern. Nur selbst angeeignetes Wissen führt auch zu einer Transformation der Person. *„Wer sich Wissen selbst aneignet, drückt sich auch selbst in der Anwendung dieses Wissens aus. Im Idealfall wird eine wissende Person durch den Aneignungsprozess zu einer anderen. Wer sich dagegen Wissen nicht selbst aneignet, sondern nur über es informiert worden ist, kann sich auch bei der Wieder- und Weitergabe des Wissens nicht selbst ausdrücken. Nur in den wenigsten Fällen führt Information zu einer Veränderung des Selbst, zu dem, was subjektiv als ein sogenanntes Bildungserlebnis erfahren wird."*[91]

Diesen Prozess nennt Hampe *„kognitive und semiotische Autonomie"*. Als Vorbild und Beispiel eines solchen Stils dient der Athener Sokrates, der seine Gesprächspartner nicht mit festen Überzeugungen und Behauptungen herausforderte, sondern indem er sie aufforderte, ihr gelerntes und von anderen übernommenes Wissen selbstständig mit eigenen Worten zu formulieren. Die sokratische Methode bestand in erster Linie darin, den Gesprächspartnern ihr eigenes Unwissen vor Augen zu führen. *„Seine (Sokrates') Tätigkeit besteht nicht darin, wahre Behauptungen als Denkresultate weiterzugeben, sondern darin, andere vor ihrer Fixierung auf bestimmte Denkresultate zu schützen. Dies tut er, indem er Fragen stellt und Behauptungen in Frage stellt. Sein Ziel* *ist die Reinigung und Stärkung dessen, was als die Seele oder, modern gesprochen, die Subjektivität von Personen angesprochen werden kann."*

„Dem sokratischen Philosophieren geht es gar nicht um das richtige Urteil im Unterschied zum falschen. Es ist vielmehr die Befreiung der Seele aus einem Urteilskorsett, zwecks Reaktivierung der Fähigkeit, auf die Welt zu reagieren. Es geht also um die Autonomie Einzelner und nicht um die Wahrheit von Allgemeinheiten."[92]

So zielt die nicht-doktrinäre Philosophie als Denk- und Sprachhilfe auf das Leben des Einzelnen. Denn keine Theorie – und ist sie noch so gut und richtig – kann den Einzelnen davon entbinden, die Muster seines eigenen Lebens selbst zu erkennen und gegebenenfalls zu verändern. *„Wer es schafft, die Sprache kreativ zu verwenden und auf die eigene Lebenserfahrung zu beziehen, erwirbt auch die Möglichkeit, auf die Determinanten der eigenen Lebenssituation kreativ zu reagieren und vom Sprechen und Handeln seiner Mitmenschen, die durch ähnliche Umstände bestimmt worden sind, abzuweichen."*[93]

Anders als in der Philosophie üblich hat Hampe selbst immer wieder versucht, nicht in behauptenden Formen zu philosophieren, sondern erzählend. Denn durch das Erzählen wird den Zuhörenden ermöglicht, das in konkreten Lebenskonstellationen Geschehene auf die eigenen Erfahrungen direkt zu beziehen. *„Über das gelingende und misslingende Leben als konkrete erlebte Erfahrungszusammenhänge lassen sich daher keine Lehren verfassen. Darüber lässt sich nur erzählen, indem die Innenperspektiven von Erlebenden dargestellt werden. Diese Erzählungen sind dann insofern von allgemeinem Interesse, als sie exemplarischen Charakter haben. Sie liefern Erkenntnisse über das menschliche Leben, die man auch ‚vernünftig' nennen kann, wenn man will."*[94]

Das Erzählen bildet nun interessanterweise eine Nahtstelle zu unserer Fragestellung, inwiefern Religion respektive Spiritualität doktrinär verankert sein muss, besteht doch gerade der Kernbestand der jüdisch-christlichen Traditionen aus Geschichten und Erzählungen und nur zu einem geringen Teil aus lehrhaften Texten. Wenn Hampe nun das Praktizieren der Philosophie im Reflektieren und Gestalten des Lebens sieht, kommt er dem bisher entwickelten Religionsverständnis schon recht nahe, nach dem das Zentrale der Religion nicht zuerst in Dogmen und Lehren zu finden ist, sondern im ausgeübten Kult, der auf die weltlichen Widerfahrnisse reagiert und diese zu heilen sucht. Der erzählte Kult ist der Mythos, in dem sich die Zuhörenden spiegeln und verorten können.

Hampe selbst markiert diese Übergangs- und Nahtstelle, indem er die biblischen Überlieferungen in den menschlichen Erzählstrom einordnet: *„Doch seit Menschen sich gegenseitig vom Leben ihrer Vorfahren erzählen, biblische Geschichten lesen, Tragödien anschauen und Romane studieren, sind sie dazu in der Lage, Paradigmen für Lebensläufe als Instrumente der Selbstreflexion von Einzelwesen zu schaffen und zu rezipieren. In all diesen Geschichten wird vom gelingenden und misslingenden Leben erzählt. Es wird nicht deduziert, wer welche Regel verletzt hat oder welchen Prinzipien eine Gesellschaft nicht gerecht wird. Es werden vielmehr die Innenperspektiven von Einzelwesen ausgebreitet, die der Liebe, dem Verrat, der Sorglosigkeit, dem Verfall, der Gewalt und Ungerechtigkeit ausgesetzt sind. In den Paradigmen dieser Geschichten können Menschen ihr tatsächliches Leben spiegeln und kritisieren lernen. Seit es eine Erzählkultur gibt, steht ihnen dieses allgemeine Mittel des Nachdenkens über ihre eigenen individuellen Geschichten zur Verfügung."*[95]

Es sind demnach die (auch fiktionalen) Innenperspektiven von anderen, die den Einzelnen zu erreichen und zu transformieren vermögen. Wobei es bei dieser ästhetischen Erfahrung darauf ankommt, wahrzunehmen, dass es beim Zuhören oder Miterleben zu einer doppelten Bewegung kommt: zur Identifikation, die die nötige Nähe schafft, und zur Distanznahme, mit der die Reflexion einsetzt:

„Die ästhetische Erfahrung ist also immer schon eine reflektierte Erfahrung. Die Identifikation mit einem fiktiven Subjekt, das eine bestimmte Erfahrung macht, unterscheidet sich zwar von einer selbst gemachten Erfahrung, doch kann sie ähnliche Folgen haben."[96]

In und durch diese doppelte Bewegung von Identifikation und Distanz wird ein weiteres wichtiges Merkmal nicht-doktrinärer Philosophie sichtbar: Sie ermöglicht Vielfalt durch Widerspruch, ohne darin an Glaubwürdigkeit zu verlieren. Nicht-doktrinäre Philosophie vermag widersprüchliche Selbst- und Welterfahrungen Einzelner zu Wort kommen zu lassen, ohne daran zu zerbrechen. *„Nur wer dazu in der Lage ist, die eigenen Lebenserfahrungen sprachlich ernst zu nehmen und begrifflich öffentlich zu machen, kann mit ‚eigener Stimme‘, wie Stanley Cavell das genannt hat, in der Gemeinschaft präsent sein …*

Solange es differierende Lebenserfahrungen gibt, müssen sich Menschen auch gegenseitig widersprechen. Anders als bei den Widersprüchen in einer Theorie wird dadurch nicht ein Mangel sichtbar …"[97]

Nicht-doktrinäre Philosophie trägt auf diese Weise zu Bildungsprozessen bei, in denen Menschen ihre eigene Stimme, ihre eigene Sprache finden und lernen, vorgegebene Muster zu befragen und gegebenenfalls hinter sich zu lassen, um ihr Leben gelingen zu lassen. *„Die nicht doktri-*

näre Philosophie versucht zu verhindern, dass Menschen durch religiösen, politischen, wirtschaftlichen oder wissenschaftlichen Dogmatismus unfrei werden."[98]

Eine solche Individualität und Autonomie sind sicher alles andere als selbstverständlich. Sonst hätte es in Athen keinen Sokrates gebraucht. Sonst hätten die Athener ihn nicht zum Tode verurteilt. Der Einzelne ist auf dem Weg zu Individualität und Autonomie immer ein Gefährdeter, ein Absturzgefährdeter. Doch gibt es den individuellen Einzelnen nur um den Preis dieser Gefährdung.

Damit stehen wir vor der Frage, ob die bisherigen Einsichten in eine nicht-doktrinäre Philosophie auch auf das Spirituelle angewandt werden können. Diese Frage drängt sich auf, weil vielen Zeitgenossen gerade der christliche Glaube als ein normiertes Glaubenssystem, in dem durch Dogmen vorgegeben wird, was und wie zu glauben ist, erscheint. Die östlichen Religionen gelten demgegenüber als dogmenfrei und daher ungleich attraktiver. Aus diesem Grund betone ich für das hier entwickelte Verständnis von Freestyle Religion den nicht-doktrinären Zugang zur Glaubens- und Lebenserfahrung.

Suchen wir also zunächst nochmals die Nahtstelle zwischen nicht-doktrinärer Philosophie und christlichem Glauben auf und wenden wir uns dem Erzählen und den Erzählungen zu.

Der Schweizer Theologe Dietrich Ritschl hat bereits vor etlichen Jahren den Begriff der „Story" ins Zentrum seines theologischen Nachdenkens gestellt. *„Entscheidende Teile der biblischen Bücher bestehen aus Erzählungen. Diese Grundform, die wir aus bestimmten und benennbaren Gründen vorläufig ‚Story' nennen, ist ein mäßig langes Satzgefüge, das in denselben oder in anderen Worten nacherzählbar und in vier,* *höchstens fünf verschiedenen Funktionen verwendbar ist ... Eine Reihe von ‚Einzel-Stories' kann eine Gesamt-Story ergeben oder auf eine schwer erzählbare Gesamt-‚Story' hinweisen ... Vor allem kann durch ‚Stories' die Identität eines Einzelnen oder einer Gruppe artikuliert werden. Menschen sind das, was sie in ihrer Story über sich sagen (bzw. was zu ihnen gesagt wird) und was sie aus dieser ‚Story' machen."*[99]

Ritschl gelingt mit diesem Ansatz die Verschränkung unterschiedlicher Ebenen. Zum einen bleibt er dem alt- und neutestamentarischen Erzählstrom nahe. Die Basis christlicher Identität besteht ja nicht in abstrakten Formeln, sondern in Geschichten. Wer Jesus war, lässt sich am besten erzählen. Zum Zweiten ist sein Story-Konzept anschlussfähig für menschliche Identität: Wer ich bin, ergibt sich aus den Geschichten, die ich über mich erzähle. Menschliche Identität besteht aus dem Verarbeiten und Gestalten von Widerfahrnissen in erzählten Geschichten. Drittens hat jeder Einzelne die Möglichkeit, sich den Geschichten einer Gruppe anzuschließen, sich also bewusst in die „Story" einer Gemeinschaft zu stellen, indem er ihre Geschichte zu einem Teil seiner eigenen Geschichte macht. Christliche Identität besteht in nichts anderem, als bewusst in der Geschichte Jesu und der ihm Nachfolgenden zu stehen. Durch die Story verschränken sich diese drei Ebenen miteinander: die biblische Grundstory, die individuelle Lebensgeschichte und die Gesamtgeschichte der Jesus Nachfolgenden.

Gesteuert werden die größeren und kleineren Erzähleinheiten von sogenannten „impliziten Axiomen" oder „regulativen Sätzen". Sie sind die DNA einer Geschichte, die die innere Struktur bestimmt und die Einzelheiten einer Geschichte zu einem Ganzen zusammenfügt. Das

Auffinden und Formulieren solcher impliziten Axiome ist Aufgabe der Theologie.

„Ausformulierte Credos oder Glaubenssätze sind nicht Basis oder Anfang persönlichen Glaubens."

„Lehraussagen finden sich in der Kirche in den drei Gestalten des Credos, des Dogmas und der theologischen Lehre. Die Vertauschung ihrer Funktionen bringt folgenschwere Verwirrung. Credos, und teilweise auch Dogmen, haben ursprünglich doxologischen Charakter. Sie wurden nicht nur Menschen, sondern primär Gott zugerufen.

Dogmen und Lehraussagen sind nicht Gegenstand des Glaubens (wiewohl manche Teile der Kirche dies statuieren), vielmehr sind sie Hilfe für das Verstehen und für die Artikulation des Glaubens. Sie sind auf der Seite des Gläubigen, nicht ihm gegenüber.

Theologische Lehraussagen insgesamt sind nicht eigentlich ‚Antworten' auf ‚Fragen', sondern Richtungsangaben, Ortungen, Gewichtungen, Klärungen, Einladungen. Sie sind daraufhin zu prüfen, ob sie hilfreich, nicht vordringlich, ob sie ‚wahr' oder ‚falsch' seien."[100]

Hier wird deutlich, dass Dogmen und Lehraussagen entgegen einem häufigen Missverständnis keine Vorgaben sind, die zu glauben sind; vielmehr liegt ihre Funktion darin, zum Verstehen anzuleiten und die Kommunikation der Glaubenden untereinander zu ermöglichen, indem nicht immer alle Geschichten erzählt werden müssen, sondern konzentrierte Ableitungen oder Summierungen aufgerufen werden können. Credos, also Glaubensbekenntnisse, haben ihren ursprünglichen Ort im Gottdienst und sind als persönliche oder gemeinschaftliche Verortung vor Gott zu verstehen. *„Kirchliche Lehren kann man als ‚entprivatisierte' theologische Interpretationen mehrerer themenverwandter biblischer Stories bezeichnen. Sie sind ein ‚öffentliches' Erklärungs-*

angebot für die Gläubigen. Sie können in verdichteter Gestalt – früher meist durch Konzilsbeschlüsse – als ‚Dogmen' verbindlichen Charakter erhalten. Aber die Interpretation geht weiter. Jedem von uns steht es frei, diesen Weg nochmals zu überprüfen und wiederum zunächst persönliche, ‚private' Re-Interpretationen und Neukonstruktionen auszuarbeiten, ja, wir müssen das sogar tun, um nicht einfach in Wiederholungen alter Formulierungen oder gar Dogmen zu verbleiben oder gar an sie zu ‚glauben'.“[101]

Legt man das hier entwickelte Verständnis des christlichen Glaubens als Erzählgemeinschaft und die Hinweisfunktion von Dogmen zu Grunde, erscheint eine nicht-doktrinäre Spiritualität heute als sinnvoll und angemessen, legt sie doch den Akzent auf das individuelle Verwickeltsein in die Story, die Vergemeinschaftung mit anderen und die Freiheit, sich den Erzählschatz selbst anzueignen und die regulativen Sätze, die bisher gefunden wurden, selbst zu prüfen und weiterzuentwickeln. Wenn Martin Luther in seiner Freiheitsschrift 1521 schreibt: *„Ein Christenmensch ist ein freier Herr über alle Dinge und niemandem untertan"*, dann hatte er den einzelnen Christen vor Augen, der auf seine Weise frei und selbstbestimmt seinen Glauben im Alltag lebt.

Die Lebendigkeit einer Religion zeigt sich in der Vielgestaltigkeit ihrer nicht-doktrinär genormten Spiritualitäten, in denen die Einzelnen auf die Begegnung mit dem Transzendenten antworten. Betende und Glaubende stellen sich weniger unter ein sekundäres theologisches Dogma als in eine „Story", die sie durch ihre Gebete und Glaubensäußerungen weiterschreiben. In der Begegnung mit einzelnen „Stories" entwickeln Einzelne die Fähigkeit, auf die ihnen begegnenden Widerfahrnisse mit sprachlicher und kognitiver Autonomie zu antworten, so dass

Verständigung und Kommunikation mit anderen möglich sind. Das Suchen und Formulieren von „regulativen Sätzen" in abstrakter Sprache ist dagegen für die tägliche Lebens- und Glaubenspraxis viel weniger wichtig.

2. Sinn und Sinnlichkeit – Leibbezogene Präsenzkultur

Der gesellschaftliche Rahmen, in dem Religion gelebt wird, hat sich in der Moderne zunehmend verändert. In einer funktional-differenzierten Gesellschaft entstehen Subsysteme wie Kunst, Wissenschaft, Recht, Ökonomie und Freizeit, die sich immer mehr voneinander abkoppeln und voneinander unabhängig werden. War in früheren Zeiten Religion so etwas wie ein Kitt, der die unterschiedlichen Lebensbereiche und Gesellschaftsschichten miteinander verband und ausrichtete, verliert die Religion in der Moderne diese Integrationskraft. Religion wird zu einem Subsystem neben anderen, dem nicht länger das Recht zugestanden wird, in andere Subsysteme normierend einzugreifen. Moralische oder gesellschaftliche Konflikte lassen sich gesamtgesellschaftlich nicht mehr mit dem Verweis auf religiöse Traditionen lösen. In multireligiösen Gesellschaften wäre ja ohnehin strittig, welche Religion heranzuziehen sei. Religion verliert daher zunehmend an öffentlich-gesellschaftlichen Funktionen. Man spricht sogar von der Funktionslosigkeit der Religion. Ein Bereich immerhin bleibt der Religion: die individuelle und private Erzeugung von Sinn. *„Wir erwarten, dass Religion eine Sinngebungsinstanz darstellt, und wir hoffen, dass sie das Leben mit Bedeutung füllen kann. Religion hat mit unserer Subjektivität zu tun und wird in deren Horizont ar-*

tikuliert. Die Sinnfrage, die solchermaßen subjektgelagert geäußert wird, ist allerdings modernen Ursprungs. Religion ist eingehegt in dem Bedürfnishaushalt eines Individuums, das nach existenzieller Erfüllung sucht."[102]

Die identitätsstiftende und existenzielle Sinnsuche wird der Religion als letztes Refugium zugestanden. Durch dieses weit verbreitete Verständnis von Religion wird diese in den privaten Bereich der Meinungen abgeschoben, in denen das Leben nur subjektiv gedeutet und ausgelegt wird. Daneben gibt es natürlich noch andere „Sinn-Anbieter", mit denen sie konkurrieren muss: Lebenskunst und Philosophie, Yoga und Humanismus – um nur einige zu nennen. Vorbei die Zeiten, in denen Religion – wie wir vorher gesehen haben – aus verhaltensregulierenden und interventionistischen Praktiken bestand. Allein das Bekenntnis und das Reden über Religion scheinen ihr geblieben zu sein: *„Sie ist nicht länger eingebettet in unsere kulturellen Praktiken und Institutionen, sie bildet nicht länger das Fluidum, in dem sich unser Alltag abspielt und unsere außeralltäglichen Fragen problemlos artikuliert werden können … Ein wichtiges Indiz für diese Verengung von breiter Religion auf schmale Religion stellt die zunehmende Wichtigkeit des Glaubens dar, des Aktes des Für-wahr-Haltens. Das persönliche Bekenntnis wird nun zur schmalen Durchgangspforte … Je zentraler aber das Bekenntnis wird, umso marginaler werden die kulturellen Kontexte."*[103]

Religion rückt somit immer stärker, ja fast ausschließlich in den existenziellen Deutungshorizont des Einzelnen. Gott wird zur individuellen „Sinnmaschine", die sich nur noch für Deutung und Reflexion des persönlichen Lebens eignet.[104] Damit wird Gott endgültig und ausschließlich zum „eigenen Gott"[105], den das Ich für seine Sinn-

und Identitätssuche braucht. Der Soziologe Ulrich Beck schreibt dazu: *„Das reflexive Ich ist der Detektiv seiner selbst, der, so muss man genauer sagen: ewige Detektiv, der nicht aufhören kann, über sich zu ermitteln und zu berichten … Gegenüber diesem detektivischen Zwang, mit dem das Ich das Ich begleitet, ihm hinterherfragt und vorwegäugt, seine Spuren und Perspektiven sammelt, muss sich Religiosität, kirchlich organisierter Glaube von nun an bewähren … Im europäischen Kontext der individualisierten Moderne gibt es keinen religiösen Glauben mehr, der nicht durch das Nadelöhr der Reflexivität des eigenen Lebens, der eigenen Erfahrung und Selbstvergewisserung hindurchgegangen ist. Der Einzelne baut sich aus seinen religiösen Erfahrungen seine individuelle religiöse Überdachung, seinen heiligen ‚Baldachin'."*[106]

Was aber, wenn die spätmodernen Sinnsubjekte sinnmüde und sinnüberdrüssig werden? Könnte es sein, dass sich die bisherige Fixierung auf den Sinnhorizont irgendwann löst und etwas anderes wieder in den Blick gerät? *„Die Sinnfrage ist nicht frei von Gefahren … Wer der Welt in einem pausenlosen Abtasten nach ‚Sinn' begegnet, geht das Risiko ein, eine Art Sinnverkrampfung in sein Leben einzuschleusen … Es gibt nämlich nicht nur ein Zuwenig, sondern auch ein Zuviel an Sinn. Auch der Sinn unseres Lebens will dosiert sein. Nicht nur die religiösen Antworten können übergriffig werden, sondern auch das unstillbare Bedürfnis nach positiver Sinnauskunft führt gelegentlich zu einer Übersättigung oder gar zu einem Ekel, ausgelöst durch eine Überdosis."*[107]

Wer nach Sinn in seinem Leben fragt, begibt sich auf eine abstrakte und reflexive Sprachebene, die notwendigerweise nicht-sinnlich ist. Was aber, wenn diese abstrakte Sprache des Sinns immer weniger verfängt, immer weniger Menschen erreicht und zufriedenstellen kann? Hat die Kunst in der Frage der Sinnstiftung die Religion – wenigstens unter den Gebildeten – deshalb abgehängt, weil Kunstwerke immer sinnlich wahrnehmbar sind, Raum füllen, Präsenz erleben lassen? Ist der Religion, zumindest in ihrer protestantischen Lesart, zunehmend ihre Sinnlichkeit verlorengegangen? Fehlt der Religion eine physisch erlebbare Präsenz – diesseits von Deutung und Reflexion?

Ein weiteres Indiz sei noch angefügt: Die in Wien über die Psychologie des Lebenssinns forschende Tatjana Schnell kommt in ihren empirischen Studien zu einem überraschenden Ergebnis: Über 30 Prozent der Bevölkerung in den deutschsprachigen Ländern bewegt die Sinnfrage überhaupt nicht mehr. *„Existenziell indifferent"* nennt sie diese enorm große Gruppe, die in bisherigen Studien kaum aufgefallen ist, weil diese Menschen keine Sinnkrisen durchleben, die sich in physischen oder psychischen Krankheiten äußern. Vielmehr lebt diese Gruppe der existenziell Indifferenten einfach so dahin.[108] Wenn ein Drittel der Bevölkerung der Sinndimension keinerlei Relevanz zuschreibt, ist es da verwunderlich, dass auch die „Sinndeutungsmaschine Religion" ins Stottern gerät?

Höchste Zeit also, nach Alternativen Ausschau zu halten, in denen Gott anders als im reflexiven Sinnhorizont präsent ist. Der in Amerika lehrende Hans Ulrich Gumbrecht hat dazu einen Begriff neu geprägt. Er spricht von *Präsenz*. Im Mittelalter waren Menschen in einer Präsenzkultur eingebettet, in der Mächte, Übermächte und Gegenmächte räumlich erlebt wurden. Auch heute lässt sich, so Gumbrecht, Präsenz in ästhetischen Erlebnissen erfahren.

Was genau zeichnet diese besondere Form von Präsenz aus? Insgesamt acht Merkmale nennt Gumbrecht in seiner kleinen Studie *Diesseits der Hermeneutik*.

Präsenz wird *erstens* in Momenten der Intensität erlebt. Solche *Momente der Intensität* sind nicht ohne weiteres herstellbar, sie sind unverfügbar. Zwar kann ich hoffen, dass mich beim Hören eines bestimmten Präludiums von J. S. Bach ein solcher intensiver Moment überfällt, sicher sein kann ich mir aber nicht. Auch beinhalten solche Momente keine in Worte übersetzbare Botschaft.[109]

Warum, fragt Gumbrecht *zweitens*, suchen wir immer wieder solche Momente? Offenbar gibt es eine tiefe Sehnsucht nach in solchen Momenten ausgelösten Gefühlen, die sich unserer Rationalität allerdings entziehen. Wir können es eben nicht genau sagen, was genau wir in diesen außeralltäglichen Momenten suchen und erwarten. Da unser durchrationalisierter Alltag aber bestimmte vorrationale Bedürfnisse nicht zu befriedigen vermag, sehnen wir uns nach solchen Gefühlen auslösenden Momenten der Intensität.

Erlebnisse solcher Art stellen sich *drittens* jenseits der Alltagswelten ein. Ihre „*Insularität*" ist geprägt vom Abschied aus der Alltagswelt und von der Plötzlichkeit ihres Eintretens.

Um solchen Erlebnissen teilhaftig zu werden, braucht es *viertens* eine bestimmte Haltung. Entweder zieht geradezu blitzartig etwas in der Natur uns in seinen Bann, eine Aussicht, ein Naturschauspiel, oder aber wir nehmen Abstand von unserer Alltagswelt, indem wir uns mit gelassener Offenheit dem Erleben hingeben – also entweder dramatische Verstrickung oder bewusst offenporige Gelassenheit.

In Argentinien, so Gumbrecht, gibt es eine ungeschriebene Regel, dass zu einem Tango, der einen gesungenen Text hat, nicht getanzt wird. Damit sich der Körper ganz dem Rhythmus der Musik hingeben kann, darf der Kopf nicht mit dem Text des Tangos beschäftigt sein. Dies deutet für unseren Zusammenhang *fünftens* darauf hin, dass es im Umgang mit den Dingen ein Oszillieren, eine Spannung zwischen ihren Sinn- und Präsenzeffekten gibt. In unserer bewusstseinszentrierten Alltagswelt sind wir es gewohnt, nach der Sinndimension der Dinge zu fragen, so dass wir die materiale Präsenz der Dinge eher ausblenden. Im ästhetischen Erleben geht es jedoch darum, diese Spannung zu halten und eine Haltung einzunehmen, die der Präsenz der Dinge hinreichend Raum lässt.

Plötzlich, wie aus dem Nichts erscheint uns etwas, tritt in Erscheinung, eine Epiphanie. Wir können nicht vorhersagen, in welcher Form und Intensität sie räumlich auftritt. Epiphanien sind flüchtig, ihre Zeiteinheit ist der Augenblick, der sogleich wieder vergeht. Der Begriff der Epiphanie beschreibt also *sechstens* die Flüchtigkeit des Auftretens solcher Ereignisse, die zugleich *siebtens* etwas Mächtiges, ja Gewalttätiges haben, insofern sie körperlich ergreifen, den Körper wenigstens für Augenblicke blockieren und zu einem zeitweiligen Verlust der Selbstbeherrschung führen können.

Abschließend bleibt noch zu fragen, worin denn nun eigentlich der Effekt dieser intensiven Momente besteht. Vielleicht lässt es sich so sagen: Durch das Erleben des Oszillierens zwischen Sinn und Präsenz gewinnen wir das körperlich-leibliche In-der-Welt-Sein zurück. In solchen Erfahrungen der Präsenz steigt in uns das Gefühl auf, zur Welt der Dinge zu gehören, im gleichen Rhythmus wie die Dinge der Welt zu schwingen.

Mit dem Begriff der Präsenz kann es meines Erachtens gelingen, eine ersehnte Erfahrungsdimension zurückzugewinnen, die uns in der Moderne immer mehr abhandengekommen ist und die außer in der Kunst vor allem im Freestyle Sport ihren Ort hat, weshalb ich den Begriff für das Religiöse gewinnen möchte. Könnte es sein, dass diesseits der Sinnkultur Gott wieder präsent werden könnte, wenn die leibliche Erdung neues Gewicht bekäme? Freestyle Religion bezieht ihre Kraft daraus, dass sie mehr ist als bloßer Gedanke und bloßes Gefühl. Freestyle Religion ist körperbezogen und körpersensibel: Indem dem Körper Erfahrungen zugemutet werden im Fasten und Pilgern, Weinen und Seufzen, Tanzen und Schütteln, im Körpergebet und im Erleben der eigenen Stimme kommt auch das Innere ins Schwingen und in Bewegung. Wenn Religion im 21. Jahrhundert noch Relevanz zukommen soll, dann kann sie sich nicht auf die individuelle Sinnsuche beschränken. Sie muss den Körper als Tor nach innen miteinbeziehen, muss mit anderen Körpern physisch agieren, deren Leiden und Lasten wahrnehmen und lindern, mit ihnen solidarisch und körperlich bei ihnen sein. Das oben beschriebene Fließgleichgewicht der drei Bereiche ist eine der Voraussetzungen, damit Religion nicht im verkopften und verkrampften Selbstgespräch steckenbleibt. Religion braucht das Schwirren zwischen Sinn und Präsenz, zwischen Sinn und Sinnlichkeit. Freestyle Religion ist ohne Körpereinsatz undenkbar. Freestyle Religion bindet den Körper wieder an die Religion.

3. Offenporige Autonomie

Wer Freestylern auf Skipisten oder auf den Plätzen der Straßen zuschaut, sieht ihnen ihre Individualität und Autonomie an. Ihre Bewegungen sind Ausdruck ihres je eigenen Stils, auch ihre Kleidung und ihre Musik sprechen eine eigene Sprache, sie wollen sich von den Umstehenden unterscheiden. Wer genau hinschaut, sieht noch etwas: wie sehr die Freestyler aufeinander, auf die Gruppe Gleichgesinnter bezogen sind. Jede und jeder arbeitet an der eigenen Performance und dennoch wird eine gemeinsame Kultur gepflegt und durch das eigene Schaffen weiterentwickelt.

Auch im Blick auf Religion gilt dies: Freestyle Religion lebt von einem Verständnis von Autonomie, das die anderen nicht ausschließt, sondern einschließt. Eine solche Autonomie könnte man relative oder relationale oder einfach offenporige Autonomie nennen. Welche Elemente gehören zu einer solchen Autonomie? *„Autonomie bedeutet mindestens, dass wir aus guten, eigenen, auf Reflexion beruhenden Gründen handeln können, dass wir über die Herkunft unserer Wünsche, Überzeugungen und Pläne, wie überhaupt über den Sinn unserer Vorhaben, nachdenken können, dass wir unseren eigenen Wertvorstellungen folgen und dass wir eingebunden sind in Beziehungen der Anerkennung.“*[110]

Diese Definition von Autonomie beinhaltet vier Ebenen: Als *Erstes* die Fähigkeit zum Reflektieren der eigenen Wünsche, Überzeugungen und des Sinns. Wer autonom sein will, muss in der Lage sein, die Motive, die das eigene Handeln antreiben, zu benennen. Das „Wozu" des Agierens darf nicht gänzlich im Dunkeln bleiben, auch wenn mit dunklen Flecken und Schatten zu rechnen ist. *Zweitens* sollten die Gründe, warum in bestimmter Weise gehandelt wird, kommuniziert werden können. Ich besuche meine Großmutter regelmäßig im Altenheim, weil mir der Zusammenhalt in der Familie wichtig ist. Über das eigene Handeln Rechenschaft vor sich selbst und anderen ablegen zu können beinhaltet kommunikative und damit sprachliche Fähigkeiten, Inneres nach außen zu übersetzen. Damit stehen wir *drittens* bei der Ausbildung von Wertvorstellungen und der Fähigkeit, diesen auch zu folgen. Das eigene Handeln wird dauerhaft nur als konsistent erlebt, wenn an den eigenen Wertvorstellungen auch im Alltagstrubel festgehalten wird. Autonomie ist *viertens* immer eingebunden in einen Kontext und damit in Beziehungen, durch die ich Anerkennung und Korrektur erfahre.

Somit zeigt sich, dass Autonomie gerade keine in sich abgeschlossene persönliche Eigenschaft ist, sondern aus Fähigkeiten besteht, die es immer wieder zu entwickeln gilt und die letztlich darin bestehen, sich mit sich selbst (dem eigenen Handeln, den eigenen Wertvorstellungen) und anderen in Beziehung zu setzen. Autonomie ist so etwas wie ein inneres Gleichgewicht, das es immer wieder neu herzustellen gilt. Alles, was lebt, lebt in Austauschbeziehungen: atmen, essen und trinken stellen wohl die grundlegendsten Austauschprozesse dar. Und auch das Seelisch-Geistige, wozu Religion gehört, lebt von solchen Austauschprozessen. Den Menschen als Leibsubjekt zu verstehen, das von solchen Austauschprozessen lebt, ist lange Zeit in Vergessenheit geraten und dürfte wohl erst durch die ökologische Krise neu ins Zentrum der Aufmerksamkeit rücken.

Auch Religion lässt sich deshalb immer nur im Sinne relativer Autonomie verstehen: Religiös autonom zu sein kann nicht heißen, außerhalb von Austausch- und Kommunikationsprozessen zu stehen. Religion braucht Austauschgemeinschaften, damit sie nicht verkümmert und sich in sich selbst verkrümmt. Darum sei nochmals an einen Satz des liberalen Theologen Jörg Lauster erinnert: *„In seiner religiösen Welterfahrung ist der Mensch niemals allein.“*[111]

Reflexion, Wertebildung und begründbares Handeln, Leben in Beziehungen und Anerkennung: Alles, was es für die eigene Autonomie braucht, kann sich nicht ohne die anderen vollziehen. Was für die Identitätsbildung gilt, gilt ebenso für die Autonomie des Einzelnen: Ohne ein Gegenüber erfahre ich nicht, wer ich bin. Durch das Sprechen und Kommunizieren mit anderen bildet sich die eigene Identität, denn indem ich mit anderen spreche, höre ich mich selbst und gewinne durch die im anderen und in mir ausgelösten Reaktionen auf das Gehörte einen Blick von außen auf mich selbst.

Auch wenn es den Zeitgenossen im 21. Jahrhundert schwerfällt anzuerkennen, dass Autonomie auf soziale Kontexte und Interaktion angewiesen ist, bleibt ein offenporiges Verständnis von Autonomie ein zentrales Element für lebendige Formen des Spirituellen, die in Austausch- und Interaktionsprozessen stehen und sich dem Gemeinschaftlichen nicht verschließen. *„Die Artikulation von Selbstbestimmung ist immer auch bestimmt von den sozialen, kulturellen, politischen Bedingungen, unter denen wir leben, da wir autonom nie isoliert, sondern immer mit anderen sind."*[112]

Für die Bewegung der Commons, die sich um die Entwicklung und Nutzung von Gemeinschaftsgütern und die Herausbildung von gerechten Sozialstrukturen gebildet haben, ist deshalb nicht zufällig der Begriff der Kooperation zentral. Freie und autonome Subjekte kooperieren zum eigenen und zum Wohl aller miteinander.[113]

4. Freestyle Religion – eigensinnig, kooperativ und weltzugewandt

Nach einem langen und verzweigten Weg sind wir nun am Ziel unserer Überlegungen angekommen: Das, was ich Freestyle Religion nenne, ist in seinen wesentlichen Elementen und seinen Beziehungen zu den grundlegenden Dimensionen des Religiösen erkennbar geworden.

Für das 21. Jahrhundert, so meine Ausgangsthese, brauchen wir eine neue Sicht auf die Formen, in denen sich die Phänomene des Religiösen zeigen. Wie wir eingangs gesehen haben, zerschneidet die Spätmoderne das Leintuch der Religion und bietet die Einzelteile zur individuellen Bedarfsbefriedigung an. Der Religion als mehrdimensionalem Lebensphänomen geht auf diese Weise allerdings ihre Kraft für den Einzelnen, wundersames Wirken über sich hinaus zu erfahren, verloren. Damit Religion ihr Potenzial, ihre machtvolle Wirksamkeit auch tatsächlich für die Menschen der Gegenwart ausspielen kann, braucht es das Ineinanderfließen der drei religiösen Dimensionen: Das Kontemplativ-Meditative, das Liturgisch-Kultische und das weltzugewandte Gestalten stärken und stützen einander als ineinanderfließendes Gleichgewicht. Jede Dimension für sich würde auf Dauer ins Leere laufen. Freestyle Religion umfasst demnach das Wissen um dieses dreigliedrige Modell des erweiterten Unendlichkeitszeichens, das ohne seine Flügel und seine Mitte weder lebendig noch tragfähig wäre. Wer nach der Tragfähigkeit von spirituellen Formen fragt, kann mit diesem Modell prüfen, welche Aspekte bereits vorkommen und woran es noch fehlt. Die Überbetonung einer Dimension führt mit Sicherheit zu Verengungen, die mit der Zeit zu ungulten Einseitigkeiten führen. Gerade in der Gegenwart fällt auf, dass die beliebte Überbetonung des Kontemplativ-Meditativen in der Gefahr schwebt, in der egozentrischen Selbstbeschäftigungsschleife hängen zu bleiben. Allein mit Achtsamkeit etwa wäre das Religiöse eindeutig unterbestimmt. Christliche Mystik im Sinne von Freestyle Religion ist immer auch politisch – mit dem Gesicht zur Welt.

Die drei inhaltlichen Kurzbeschreibungen eigensinnig, kooperativ und weltzugewandt weisen bereits in diese Richtung. Ein religiöser Freestyler braucht für das Gestalten seiner eigenen Religiosität hinreichend Eigensinn, um spirituelle Formen zu finden, die ihm und seiner Lebenssituation entsprechen. Eine Freestylerin ohne mutigen Eigensinn kann es nicht geben. Für das 21. Jahrhundert brauchen wir weniger Traditionalisten und mehr eigensinnige Freestyler, die Eigensinn mit Kooperationsfähigkeit zu kombinieren wissen. Denn das Liturgisch-Kultische braucht als Schnittstelle Freestyler, die sowohl fähig sind, selbstentwickelte Eigenformen in Gemeinschaftsformen zu übersetzen, als auch dazu bereit, die individuellen Eigenformen durch Gemeinschaftsformen in Frage stellen zu lassen. Damit der Ausgleich zwischen Eigensinn und Kooperationsfähigkeit gelingt, braucht es, wie wir sahen, ein Verständnis der eigenen Autonomie, das hinreichend offenporig und relational ist. Freestyler sind eigensinnige Individualisten mit offenporigen Anschlussstellen nach außen. Für Freestyler sind Eigensinn und Gemeinschaftssinn keine Gegensätze, sondern einander bedingende Voraussetzungen. Als letztes Element kennzeichnet den Freestyler seine Sichtbarkeit. Im Schnee und auf den Straßen sind die sportlichen Freestyler sichtbar, sie verstecken sich nicht, sondern zeigen sich. Die politische Mystik der religiösen Freestyler wendet sich offen und öffentlich der Welt zu – gestaltend und mitwirkend, für Gerechtigkeit und Fürsorge eintretend, im aufmerksamen Umgang mit Materialien. Für das 21. Jahrhundert brauchen wir religiöse Freestyler, die auffallen und sichtbar sind und doch den Wert des stillen Kämmerleins kennen, also private

Räume des Sich-der-Präsenz-des-Heiligen-Aussetzens aufsuchen und pflegen.

Freestyle Religion als eigensinnige, kooperative und weltzugewandte Spiritualität des 21. Jahrhunderts rechnet und setzt auf Männer und Frauen, die ihre eigenen Glaubenswege gehen und suchen und dafür eine lebensnahe Sprache finden, die nicht nach Dogma und Glaubenssystem klingt.

Freestyle lebt nicht nur sportlich vom Üben, Ausprobieren, Scheitern und Erneut-Versuchen, weshalb Freestyle auch im religiösen Sinn immer mit dem Leib verbunden ist. Durch unseren Leib sind wir in vielerlei Hinsicht mit unserer Umwelt verbunden. Glaube und Religion zielen auf mehr als das verbal Verstehbare. Gottes Gegenwart kann nicht gedacht werden, sie wird leibhaft gespürt und erlebt. Darum kann Freestyle Religion nicht ohne den Leib gelebt werden. Vielmehr führt uns der Leib dorthin, wo unser Denken versagt. Eigensinn gibt es nicht ohne den Eigenleib.

Wunderbares Wirken über mich hinaus – das ist das Versprechen der Religion. Über sich hinauszugelangen – der Wunsch vieler, die in der ewigen Selbstbeschäftigungsschlaufe festhängen. Damit Religion ihr Potenzial, ihre machtvolle Wirksamkeit auch tatsächlich für die Menschen der Gegenwart ausspielen kann, braucht es einen neuen Stil, einen neuen Freestyle, der den Suchbewegungen der Singulären hinreichend Erfahrungsräume zum autonomen Erproben zur Verfügung stellt. So sind für die Zukunft weniger spirituelle Gurus als vielmehr geduldige Begleiter gesucht, die diese Such- und Übungsphasen kritisch und liebevoll begleiten.

Wunderbares Wirken über mich hinaus – in seiner Doppelgestalt als Wirken, das ich passiv erlebe und das ich aktiv mit anderen ins Werk setze – wird zum Zielpunkt des Spirituellen im 21. Jahrhundert. Dafür gilt es Eigensinn, Kooperationsfähigkeit und Weltzugewandtheit gleichermaßen zu stärken. Und eben in dieser Stärkung wird in Zukunft die wichtigste Aufgabe der Kirchen bestehen.

5. Teil der Kultur und Gegenkultur zugleich – die neue Rolle der Kirche im Zeitalter von Freestyle Religion

Wenn sich die Kirchen nun unter den bisher beschriebenen Bedingungen nicht weiterhin in der Opferrolle sehen, sondern sich als mitgestaltende Akteure einbringen wollen, bleiben ihnen zwei scheinbar gegenläufige Optionen, die es m. E. beide zu realisieren gilt. Die Kirchen können bewusst mit dem Strom der Zeit schwimmen, gewissermaßen mit dem Zeitgeist segeln, und zugleich Pol einer Gegenkultur sein. Beide Optionen gehören zusammen, weil die Kirchen nur als passgenauer Kulturakteur Kontakt zur Gegenwart halten und ihre Angebote innerhalb der herrschenden singularistischen Logik von einer Vielzahl von Zeitgenossen wahrgenommen werden. Den gegenkulturellen Part brauchen sie hingegen, um ihr spezifisches Potential in der Wahrnehmung und Verheilung von Misslingen einzubringen.

5.1 *Das Eigene zum Glänzen bringen – Workshop-Kirche*

Volkskirchen können die großen Kirchen nur bleiben, wenn es ihnen gelingt, ihre Angebote in Formaten und

Formen anzubieten, die der Logik der singularisierten Zeitgenossen entsprechen.[114] Wenn die Zeitgenossen auf der Suche nach besonderen Selbst-, Welt- und vielleicht sogar Gotteserfahrungen sind, die ihr Ich bereichern könnten, müssen die von den Kirchen angebotenen Formen entsprechende Kriterien erfüllen. Religiöse und spirituelle Erfahrungen von Objekten, Orten, Zeiten, Räumen und die Begegnung mit Menschen müssen voraussetzungslos, zeitbegrenzt, bindungsfrei, autonomiekompatibel und spezifisch sein.

Nicht der auf Bindung, Verpflichtung und Gemeindeaufbau zielende Gemeindekreis ist das passende Angebot, sondern der bewusst als solcher angebotene Workshop, in dem die Zeitgenossen nicht das Ganze christlichen Glaubens erleben, sondern bewusst ausgewählte christliche Elemente, die zum Glänzen und Klingen, Schwingen und Erleben gebracht werden: Singen durch die Zeit, von gregorianisch bis experimentell, von Bach bis Jazz; eine Buchseite gestalten; eine Ikone malen; Meditations- und Gebetsformen erlernen; Straßenexerzitien; Kirchenräume leiblich erschließen; die eigene Stimme im Kirchraum finden; spirituelles Schreiben; eine Glocke gießen; Achtsamkeit in der Natur einüben; ein Sitzkissen nähen und darauf meditieren; pilgern; eine Sommerkirche aus Weiden bauen; den Altar für ein Kirchenjahresfest gestalten; Bibel lesen lernen; Stressbewältigung – der Phantasie sind hier keine Grenzen gesetzt.

Entscheidend wird bei all diesen Angeboten sein, dass sie darauf abzielen, die religiöse Autonomie des Einzelnen zu stärken und auszubilden, Gemeinschafts- und Grenzerfahrungen eingeschlossen. Dabei können solche Angebote entweder einem der oben beschriebenen

Bereiche zugehören (Meditativ/Kontemplativ; Kultisch/Liturgisch; Sozial/Handwerklich) oder aber auch von einem Bereich in den anderen übergehen: einen Abendmahlstisch aus Ästen bauen und im Wald Abendmahl feiern. Anders als in Akademien und Bildungseinrichtungen nehmen die Ortspfarrerinnen oder Diakone an diesen von eingeladenen Experten geleiteten Angeboten teil und garantieren damit Kontinuität und die Durchlässigkeit zum gegenkulturellen Angebot, das gegenseitiges Vertrauen und Bekanntheit voraussetzt. Ungewöhnliche Orte und Zeiten, Singen am See oder Gebet zu Mitternacht kommen dem Erlebnishunger der Zeitgenossen entgegen. Lustvoll und mit viel Phantasie darf hier gearbeitet werden. Auf dem Markt der spirituellen Angebote dürfen die kirchlichen ruhig durch ihre schillernde Farbigkeit – und ihre kompetente Begleitung und Anleitung – auffallen: spiritueller Triathlon, Marathonlesen der Psalmen, Speedreading der Evangelien. Auf diesem Sektor gilt es bewusst und durchaus schrill fortzuentwickeln, was z. T. schon an vielen Orten praktiziert wird. Kirchliche Angebote dieser Art dürfen überraschen, weil sie alte Traditionen und Gegenwart auf originelle Weise miteinander verknüpfen. Wenn die Traditionalisten bei solchen Angeboten die Köpfe schütteln, sind diese genau richtig. Es gilt, den Staub der Tradition aufzuwirbeln, um die Schönheit des Alten neu zu entdecken. Das Eigene zum Glänzen bringen, darum geht es.

Das Modell des Dritten Paradieses kann dabei helfen, die Angebote deutlich zu profilieren und zu verorten. Kein Angebot muss alles abdecken. Ein Crossover von einem Bereich zum anderen ist aber durchaus erwünscht, weil so Zusammenhänge deutlich werden.

5.2 Ort des Verdrängten und Misslungenen: gegenkulturelle Strömung

Im gegenkulturellen Agieren zeigen die Kirchen, dass sie das Verdrängte, Problematische und Verschwiegene der Gegenwart mit ihrer ökonomisch-psychologischen Steigerungslogik kritisch wahrnehmen, liturgisch-rituell darstellen und zur individuellen und kollektiven Verheilung durchaus praktisch oder symbolisch etwas beitragen können. Jenseits der glatten Oberflächen liegt die wichtigste Kompetenz des tragfähigen Spirituellen. Schrammen, Beulen und Dellen haben in der Kirche ihren Ort. Misslingen und Scheitern in Beruf und Partnerschaft, Überfordertsein im Familienalltag, all das hat im liturgischen Handeln seinen Ort, darf vor Gott benannt und dargestellt werden, um Verheilung zu erbitten und zu erfahren. Die Kirche verlöre ihre Seele, wenn sie nicht immer auch Gegenkultur wäre. Das, was ohnehin immer und überall schon gefeiert und begangen wird, muss in der Kirche nicht verdoppelt werden; das Fehlende, die Lücken, Auslassungen und Schmerzzonen haben im kirchlichen Feiern ihren Ort. Das Heilsame der Selbstbegrenzung könnte so in der Kirche erfahren werden.

„In eine andere Richtung geht eine Strategie einer Selbstbegrenzung, die sich im Bereich des pyschologischen Counseling und der Lebensberatung in Reaktion auf die Dominanz der Self-growth-Psychologie entwickelt hat. Die regt die Individuen dazu an, zwar nicht ganz aus der Selbstverwirklichungsspirale auszusteigen, aber den Anspruch der Selbstentfaltung zu relativieren und mit der Nichterfüllung von Lebenswünschen zu rechnen. Der hohe Anspruch des postmaterialistischen Lebensstils an sein eigenes Gelingen soll hier bewusst gesenkt werden; die Ideologie des self growth

konfrontiert sich gewissermaßen mit den psychischen ‚Grenzen des Wachstums'.“[115]

Und auch hier gilt: Keine Gemeinschaft wird alles leisten können. Und doch bietet die Zusammenarbeit mit Kooperationspartnern die Möglichkeit, dem und den an den Rand Gedrängten wieder Stimme und Raum zu geben. Damit stehen die Kirchen vor der anspruchsvollen Aufgabe, zugleich mit und gegen den Strom der Zeit zu schwimmen.

IV.
Wie beginnen? – Hinweise zur spirituellen Praxis

Wie wir gesehen haben, beschreibt Freestyle im religiösen Kontext des 21. Jahrhunderts eine besondere Art und Weise, Traditionsbindung und individuelle Aneignung miteinander zu verbinden. Freestyle ist Ausdruck von Lebensfreude und Neugier, auf jeden Fall stilsicher, eigensinnig und kreativ.

Freestyle braucht einen Rahmen, Grundmuster und Vorgaben, auf die es sich bezieht, um sich diese dann individuell anzueignen und kreativ gestalten zu können. Dies gilt für das sportliche Freestyling auf dem Snowboard oder dem Skateboard ebenso wie für das Klettern oder Free Running über Hindernisse in der Stadt. Wenn der Apostel Paulus schreibt: *„Der Buchstabe tötet, der Geist aber macht lebendig"* (2 Kor 3,6), dann hat er eben dieses Verhältnis vor Augen: Allein an der vorgegebenen Tradition zu hängen macht nicht lebendig. Es geht darum, sich vom Geist über sich hinausführen zu lassen; paradox gesagt: sich darin zu üben, ergriffen zu werden. Spirituelle Praxis ist Vorbereitung und Einübung, um an den Punkt zu kommen, an dem man vom Transzendenten ergriffen und über sich hinausgetragen wird. Freestyle ist der eigene Weg zu diesem Punkt.

In diesem Sinn möchten die folgenden Hinweise dazu ermutigen, sich für das wunderbare Wirken des Geistes mit Phantasie und Freude bereitzumachen. Mein besonderes Augenmerk gilt dabei dem Gestalten des Meditativ-Kontemplativen, weil wir in diesem Bereich als Übende in besonderer Weise gefordert und auf uns selbst gestellt sind. Für die beiden anderen Bereiche werde ich mich auf einige kurze Bemerkungen beschränken. Beginnen möchte ich allerdings mit einigen hinführenden Übungen, die sich im „Vorhof des Heiligen" bewegen und in ihrer Funktion viel zu oft unterschätzt werden.

1. Im Vorhof des Heiligen

„Irgendwann, in der Regel, beginnen Menschen – veranlasst durch glückliche oder unglückliche, schmerzhafte Erfahrungen – ihre eigenen Fragen, Sehnsüchte und Träume zu murmeln ... Sie stellen Fragen nach dem, was uns erfüllt und trägt, uns über uns – woher? wohin? – hinausweist, hinaustreibt, weil fraglich wird, woher und warum all dies auf uns zukommt: Wer bin ich? Wie möchte ich leben? ...

Wir alle haben, so lautet die – schon als solche – belebende Vermutung, solch eine geheime, zunächst wortlose und diffuse, schlafende Melodie, eine innere Stimme in uns, die geweckt werden muss, die gewisser Zauberworte und einer Sprache bedarf, damit wir nicht in Sprachlosigkeit verstummen und in Diffusität verschwimmen ...

Ohne diese allmählich zum Sprechen gebrachte innere Stimme bleibt die Annahme jedes Glaubens, bleibt jedes innere Wissen – zunächst sinnvoll, aber auf Dauer problematisch – äußerlich, unangeeignet und fremd."[116]

Im Vorhof des Heiligen geht es zunächst um das Hörbar-, Fühlbar- und Fassbarwerden dieser inneren Stimme, die vermutungsweise in allen Menschen schlummert.

Zugang zu sich selbst zu finden, sich selbst in der eigenen Körperlichkeit als schwingenden Resonanzraum zu erleben und dafür eine geeignete Sprache zu finden ist daher ein erster wichtiger Schritt. Exemplarisch möchte ich drei mögliche Zugänge zur eigenen inneren Stimme und Körperlichkeit aufzeigen.

1.1 Achtsam in der Natur

In besonderer Weise bietet sich die Natur an, um dort einen Zugang zur Eigenwahrnehmung zu finden. Inmitten des natürlichen Lebens können wir uns als Teil allen Lebendigen wahrnehmen. Wie kaum ein anderer Raum ist der Naturraum nicht auf etwas ausgerichtet: Die Natur fordert uns zu nichts auf – anders als die funktionalen Räume und die vielen Geräte, die uns umgeben und die auf Gebrauch ausgelegt sind.

In der Natur können wir einfach nur da sein: atmen, lauschen, riechen, tasten, in die vorhandene Atmosphäre eintauchen.

Die Grundübung in der Natur besteht darin, von allem zweckgerichteten Tun innerlich abzurücken; im Wald auf einem Baumstamm sitzen, einige Minuten bewusst atmend verharren und dann den fünf Sinnen Raum lassen:

- Die Augen schließen und lauschen. Nichts bewerten, nur hören und wahrnehmen, was da ist.
- Mit den Blicken einem wandernden Schatten oder dem Weg eines Käfers folgen.
- Durchs Gebüsch gehen, die Augen dabei schließen und sich von Zweigen und Ästen berühren lassen.

- Gerüche wahrnehmen und in sich aufnehmen.
- Essbares lange betrachten und dann sehr langsam essen.
- Einen Wegabschnitt mehrmals sehr langsam gehen; immer, wenn die Atmosphäre sich ändert, stehen bleiben und verweilen, dann den Weg fortsetzen.

Achtsamkeitsübungen in der Natur helfen uns, bewusst und absichtslos im gegenwärtigen Augenblick zu bleiben, ohne sich über das Gestern zu grämen oder über das Morgen zu grübeln. Achtsam sein bedeutet, offen für den jetzigen Augenblick zu werden und akzeptierend hinzunehmen, was da ist – Störungen eingeschlossen.[117]

1.2 Körperübungen und Stressabbau – MBSR[118]

Das von dem Amerikaner Jon Kabert-Zinn entwickelte Programm zum Umgang mit Stress MBSR (Mindfullness-based stress reduction) bietet mit seinem achtwöchigen Trainingsprogramm eine hervorragende Brücke zur Spiritualität. Obwohl das medizinische Programm weltanschaulich neutral ist, arbeitet es auf gelungene Weise mit religiösen Meditationstechniken, die das innere Tor zur Spiritualität zu öffnen vermögen. Ich habe dieses Programm mit einer Gruppe im Selbstversuch erprobt und habe feststellen können, wie sehr die Teilnehmenden nicht nur im Hinblick auf Stress, sondern auch in Bezug auf Spiritualität eine neue Sensibilität gewinnen konnten. MBSR ist für Gruppen konzipiert, weil sich die Teilnehmenden untereinander so am besten unterstützen können.

1.3 Die eigene Stimme finden: grünes Schreiben und Speedwriting

„Literatur ist die sprachliche Vergegenwärtigung von Erfahrung. Dazu gehört der Versuch, zu seiner eigenen Stimme zu finden, zu einer eigenen Melodie … Das Entdecken der eigenen Stimme und des eigenen Klangs ist ein Geschehen, in dem wir uns selbst verändern: Wir stoßen manches ab, was wir an falschem Klang in uns mitgeschleppt hatten, und probieren neue Worte aus und neue Rhythmen."[119]

Kreatives und spirituelles Schreiben kann dabei helfen, die eigene Stimme zu finden. Schreiben heißt, sich selbst zu erkunden in der Vielfalt der Beziehungen zu anderen. Ausgehend von religiösen Texten lassen sich eigene Texte verfassen, indem mit der Form gespielt wird: Aus Langformen werden Kurzformen, aus Gedichten längere Abhandlungen, einzelne Worte werden tänzerisch umspielt und ausgelotet, Sinnloses in Sinnvolles verwandelt, Geheimnisvolles erklärt, Klares in Mysteriöses transformiert …[120]

Auch und gerade *in der Natur* lässt sich wunderbar schreiben. Das Werden und Vergehen der Natur lässt staunen und fragen, klagen und erschrecken. Ausgangspunkt kann ein Naturphänomen, eine Beobachtung, ein Objekt sein. Indigene Völker erzählten sich Geschichten über das Entstehen von Landschaften, Eigenschaften von Tieren und Pflanzen werden in Legenden gefasst. All dies kann beobachtend und schreibend in eigenen Worten gesucht und nachempfunden werden. Daraus kann sich eine eigene Sprache und ein eigener Sprachstil entwickeln, in dem Genauigkeit und Klangfülle wachsen.

„Speed writing" nimmt seinen Ausgangspunkt in Anknüpfung an ein Gefühl, eine Wahrnehmung, eine Geschichte,

einen Bibelvers. Wenige Minuten wird schnell und ohne Pause geschrieben. Nicht das reflektierte Schreiben steht dabei im Vordergrund, sondern das Fließen-Lassen. Worte und Sätze dürfen übereinander- und durcheinanderpurzeln, sich überschlagen und gegenseitig unterbrechen. Hauptsache, es fließt ...[121]

Im Folgenden möchte ich nun noch einige Gestaltungsmöglichkeiten des Meditativ-Kontemplativen aufzeigen und verdeutlichen, wie eine eigene tägliche Praxis gestaltet werden könnte.

2. Das Meditativ-Kontemplative gestalten

In nur wenigen Zeilen beschreibt die libanesische Schriftstellerin Etel Adnan in den „*Gesprächen mit meiner Seele*" eindrücklich, worum es in der Praxis des Meditativen geht: *Sei unbesorgt, setz dich, meine Seele, ich schließe die Tür.*

Für das Meditativ-Kontemplative bedeutet dies, dass ich mir eine Form erarbeite, in der ich mich sammle und zur Ruhe komme, damit das Transzendente mir begegnen kann. Die Arbeit an den einzelnen Elementen der individuellen Form braucht Zeit, Geduld, Übung, Phantasie und den rechten Sinn für Stil. Ich kann hier nur einige Anregungen geben, die hoffentlich den Möglichkeitshorizont für den Umgang mit dem Gotteswort weit öffnen.

Ort und Zeit

Die Tür zu schließen bedeutet, der eigenen Seele Raum zu geben, zur Ruhe zu kommen, ihren Platz zu finden, wie Etel Adnan schreibt. Damit ist bereits eine wesentliche Voraussetzung genannt, die es für das stille Gebet braucht: ein ruhiger Ort, der vor neugierigen Blicken geschützt ist und uns die Möglichkeit gibt, abseits des alltäglichen Umtriebs ungestört für uns zu sein. Neben einem geschützten Ort braucht es auch die feste Zeit, an dem wir diesen Ort aufsuchen.

Darum sind zunächst zwei Fragen zu klären: Wann und wo kann ich die Tür schließen und mich sammeln?

In meiner eigenen Praxis hat sich gezeigt, dass es für beides Klarheit und Flexibilität braucht. Was keine feste Zeit hat, geht schnell im Alltagstrubel unter. Zugleich muss ich meine Zeiten den Rhythmen der Menschen, mit denen ich lebe, anpassen. So kann es immer mal wieder zu Verschiebungen und Veränderungen kommen, aber wenn ich erst einmal eine Zeit und einen Ort gefunden habe, bleibe ich dabei. Meine Übungspraxis beginne ich bescheiden und maßvoll. Zu Beginn sind 15 bis 20 Minuten täglich eine gute Zeiteinheit. Mit der Zeit kann diese dann immer noch wachsen.

Eröffnung

Am Anfang steht die Suche nach einem Eröffnungssatz. Vor Gott und mir selbst spreche ich aus, wozu mir diese Zeit des meditativ-kontemplativen Kreises dienen soll. Was erwarte und erhoffe ich mir? Das traditionelle Morgengebet der Kirche (Mette) wird z. B. mit einem Psalmvers eröffnet: *„Herr, tue meine Lippen auf, dass mein Mund deinen Ruhm verkündige"* (Ps 51,15). Welche Bitte oder welcher Wunsch stehen am Anfang meiner Gottesbegegnung? Am Anfang des eigenen Weges macht es Sinn, entweder eigene Sätze zu notieren und auszuprobieren oder ein Wort aus der Bibel oder eine Zeile eines Gedichtes oder Liedes zu verwenden. Ich selbst erprobe solche Sätze in einer Gehmeditation. Am Anfang stehe ich einige Zeit still, finde mein Zentrum und mache dann sehr langsam und bewusst einen Schritt nach vorn, wobei ich langsam ausatme. Dann mache ich einen weiteren Schritt und atme ein. So verbindet sich jeder Schritt mit dem Atmen. Bin ich einige Minuten so gegangen, verbinde ich jeden Schritt mit einem Wort: Herr – tue – meine – Lippen – auf – damit – mein – Mund – deinen – Ruhm – verkündige. Auf diese Weise erlebe ich sehr intensiv meinen Eröffnungssatz, kann dabei Worte ersetzen oder neue Sätze probieren. Mit der Zeit finde ich zu einem passenden Satz, den ich an den Anfang meiner kontemplativen Zeit stellen kann. Wenn ich dann einen solchen Satz gefunden habe, kann ich ihn entweder im Stehen sprechen (vielleicht verbunden mit einer Verneigung) oder aber ihn auch gehend verwenden.

Eine weitere Möglichkeit, mit dem ganzen Körper achtsam anzukommen, könnte etwa so aussehen: Ich beginne im Stehen, suche leicht pendelnd meine Mitte und stehe schließlich ruhig und entspannt in meiner Mitte. Dazu spreche ich (laut oder nur für mich):

Da bin ich – aufgerichtet zwischen Himmel und Erde. Ich spüre meine Verankerung in der Erde und mein Ausgerichtet-Sein gen Himmel.

Dann mache ich eine langsame Vierteldrehung, bleibe aufgerichtet und spreche:

Ich atme. Ich mache einige ruhige Atemzüge und folge mit meiner Aufmerksamkeit dem Weg meines Atmens.

Ich höre die Stille. Ich lenke meine Aufmerksamkeit auf die Stille (und die Geräusche) und die Stille hinter der

Stille. Ich nehme wahr, was um mich herum ist, ohne es zu bewerten.

Ich spüre die Luft, die mich umgibt. Ich achte darauf, an welchen Stellen die Luft meine Haut umspielt, im Gesicht, an den Händen etc.

Ich mache wieder eine Vierteldrehung, bleibe aufgerichtet in dieser neuen Position und strecke sehr langsam erst eine Hand, dann die andere Hand mit den Handflächen nach oben vor mich. Ich spreche:

Mit leeren Händen stehe ich vor DIR. Ich spüre auch hier, wie Luft meine leeren Hände umspielt.

Ich warte darauf, dass DU sie füllst. Eine Erwartung durchströmt meine leeren Hände.

Wieder mache ich eine Vierteldrehung, ich bleibe in der erwartungsvollen Haltung und spreche:

DU erfüllst mich. Ich kreuze die Arme langsam vor der Brust und spüre meinen Herzschlag.

Mit einer letzten Vierteldrehung stehe ich wieder am Ausgangspunkt. Erfüllt bleibe ich einen Moment stehen, dann spreche ich:

Ich bin bereit. Amen.

Der Phantasie, Achtsamkeit mit Gebärden und Worten zu verbinden, sind keine Grenzen gesetzt.[122] Hilfreich ist es, lange bei einer gefundenen Form zu bleiben, damit diese ihre ganze Wirkung entfalten kann. Nach einiger Zeit kann man dann auch einer anderen Form folgen.

Begegnung

Nach der Eröffnung geht es darum, durch das Gotteswort in die Gegenwart des Göttlichen einzutreten, dem Göttlichen zu begegnen.

Der Gründer der ökumenischen Gemeinschaft Bose in Norditalien, Enzo Bianchi, hat in einem Brief an einen Freund einen sehr alten Weg beschrieben, der das Hören auf Gottes Wort, das Beten und die Begegnung mit dem Göttlichen miteinander verbindet: die lectio divina, die göttliche Lesung. Bianchi nennt diesen Weg „gebetete Schrift". *„Wenn du dich also in diese betende Lesung vertiefen willst, musst du dir zuerst einen stillen, ruhigen Platz suchen, wo du im Verborgenen mit deinem Vater sprechen kannst, um ihn zu schauen. Die Zelle oder das Zimmer ist dafür besonders geeignet, um die Gegenwart Gottes zu erfahren (vgl. Mt 6,5–6). Vergiss das nicht. Hier werden die Kämpfe in deinem Herzen ausgetragen, hier ist die Wüste, in der Jesus gebetet hat und versucht wurde; es ist der Ort, wo Gott dich an sich zieht, um zu deinem Herzen zu reden, dich überreich zu beschenken und die Ängste deines Herzens ‚zum Tor der Hoffnung' (vgl. Hos 2,17) zu machen."*[123]

Die Haltung, der es für die lectio bedarf, entsteht aus dem Schweigen. Was hier geschieht, geschieht durch das wunderbare Wirken des Geistes. Deshalb erhebt der Mensch sein Herz zu Gott und bittet um den Heiligen Geist: *„Wenn du dich bereit machst, Gott zu hören, nimm dein Herz in die Hand, hebe es zu Gott empor, damit er es zu einem Herzen aus Fleisch mache, gesund und rein. Nur wer das Herz eines Kindes hat, kann von Gott beschenkt werden (vgl. Mk 10,15) … ‚Erheben wir unser Herz!' ist der erste Ruf der lectio divina.*

Wenn du die Bibel zur Hand genommen hast, lege sie ehrfürchtig vor dich hin, weil sie der Leib Christi ist, sprich die Epiklese, das heißt, rufe den Heiligen Geist an."[124]

Vor dem Lesen des Bibeltextes könnte z. B. folgendes Gebet gesprochen werden: *„Sende jetzt deinen Geist auf mich herab, damit er mir ein hörendes Herz gebe und mich in der Hei-*

ligen Schrift zur Begegnung mit dir führe und dein Wort in mir zeuge."[125]

Lesung. Der erste Schritt umfasst die Lesung eines Textes. Sinnvoll ist es, ganze biblische Bücher über einen langen Zeitraum hinweg zu lesen. Die einzelnen Abschnitte sollten nicht zu lang sein und mehrmals hintereinander laut gelesen werden.

Meditation. In der Meditation versuchen wir, uns vom Gotteswort berühren zu lassen, gehen der Bedeutung einzelner Worte nach, formulieren, was uns geschenkt wurde, und wiederholen es so lange, bis es uns ins Herz gesunken ist.

Gebet. „*Sprich jetzt zu Gott, antworte ihm, geh auf seinen Ruf ein ..., sprich mit ihm wie mit einem Freunde.*"[126] Im Gebet antworten wir auf das Empfangene und bringen es vor Gott.

Kontemplation. Im letzten Schritt lassen wir die Worte hinter uns und verharren im Licht der Gegenwart Gottes. Ruhig atmend genießen wir die Anwesenheit Gottes.

Mit einem Mantra beten

Die lectio divina ist nur eine von vielen Möglichkeiten, in die Gegenwart des Göttlichen durch das Tor des Gottes Wortes einzutreten. Nicht unerwähnt lassen möchte ich das Herzensgebet, bei dem der Satz „*Herr Jesus Christus, erbarme dich meiner*" beständig wiederholt und mit dem Atmen verbunden wird. Berühmt geworden ist das seit den Wüstenvätern praktizierte Herzensgebet vor allem durch die „*Aufrichtigen Erzählungen eines russischen Pilgers*".

Ich möchte an dieser Stelle aber noch eine etwas andere Variante des Herzensgebetes vorstellen, die mir für Freestyle Religion noch sehr viel interessanter erscheint, weil sie die Form des Herzensgebetes mit einem selbstgesuchten Mantra verbindet. So gibt es die Möglichkeit, den traditionellen Satz „*Herr Jesus Christus, erbarme dich meiner*" durch eine andere Bitte zu ersetzen. Die bittende Hinwendung zu Gott ist konstitutiv für diese Art des Betens. Aussagesätze wie „*Es ist alles gut*" oder „*Ich trage die Sonne im Herzen*" wären Selbstsuggestionen im religiösen Mantel. Viele solcher Bitten, Anrufungen und Aufforderungen an das Göttliche finden sich in den Psalmen, dem Gebetbuch der Bibel. Die Psalmen eignen sich gut für die Suche nach einem eigenen Mantra. Es lohnt sich, viele Psalmen langsam zu meditieren und immer wieder mögliche Psalmworte oder Worte aus anderen biblischen Schriften als Mantren auszuprobieren. In meiner minimalistischen Spiritualität habe ich im Anschluss an Martin Luther eine Meditationsform beschrieben, die sich besonders gut für die Meditation einzelner kurzer Sätze eignet.[127] Wie beim Herzensgebet kann dann das Aus- und Einatmen mit den Worten des Mantras verbunden und stetig wiederholt werden. Auf diese Weise entsteht eine konzentrierte Form des Betens, in der das Gotteswort Tiefe gewinnen kann.

Psalmen destillieren

In der evangelischen Gemeinschaft Don Camillo (Neuchatel/Schweiz) habe ich eine interessante Möglichkeit kennengelernt, mit Psalmen produktiv umzugehen, sie verkürzend zu beten. „*Psalmen destillieren*" heißt das Buch, das daraus hervorgegangen ist. Im Vorwort dazu heißt es: „*Die Gewinnung der Essenz, des Wesentlichen, vielleicht auch des Spirits eines Textes ist ein künstlerischer Prozess, bei dem es auf die Zutaten ankommt. Die sind gut gewählt. Der Psalter ist eine verlässliche Grundlage.*"[128]

Zu Psalm 1 heißt es dann etwa:

„*zu den grundlagen der psalmenzoologie
wohl dem der genüsslich nagt
an der weisung des herrn
und wohlig knurrt.*"[129]

Poetisches Sprachgefühl, der Blick für das Wesentliche und die Freude am Ungewohnten bestimmen diese besondere Art, mit den Psalmen umzugehen. Warum nicht versuchen, schreibend, zeichnend, malend, kritzelnd den „Spirit" eines Psalms fassbar zu machen? Der kreative Umgang mit dem Gotteswort kann helfen, dessen verborgene Kräfte sichtbar zu machen. Auch das ist Meditation. Gerade das ist Meditation.

Abschluss

Ein Segenswort oder eine Segensbitte können die formale Praxis beenden. Nun geht es darum, möglichst viel vom Erfahrenen und Erkannten mit in den Alltag zu nehmen. Nun beginnt der Gottesdienst im Alltag der Welt, die informelle Praxis, in der ich mich bemühe, in der gewonnenen Haltung und im Kontakt mit dem Heiligen zu bleiben.

3. Das Liturgisch-Kultische gestalten

In diesem Kreis geht es ganz praktisch darum, eine geistliche Heimat zu finden, also Teil einer Gemeinschaft zu werden, die durch ihre Art, Gott zu feiern, für uns zu einem Anker wird. Nicht selten wird die Energie, die von einer Gemeinschaft ausgehen kann, unterschätzt. Unser gelebter Individualismus verstellt uns gar zu leicht den Blick auf die Bedeutung einer feiernden Gemeinschaft. Auf uns allein gestellt, verlieren wir nur allzu schnell den Mut, an unseren Hoffnungen und unserem Widerstand gegen das Unerträgliche festzuhalten. Es braucht die Verbindung mit der feiernden Gemeinschaft, um nicht von den Widrigkeiten des Alltags erdrückt zu werden. Darum lohnt es sich, Teil einer Gemeinschaft zu werden, die uns über uns hinausführt und unseren fragilen Hoffnungen wieder Glanz und Würde gibt. Wer Gott nur für sich allein will, wird ihn verlieren. Darum ist es so wichtig, sich mit anderen zu verbinden und eine geistliche Heimat zu haben, an die man regelmäßig zurückkehrt: einen Ort des Gebets, in den man immer wieder eintauchen kann; eine bestimmte Form des Feierns, die von einer Gruppe getragen wird. Solche Orte, Zeiten und Menschen zu finden ist keine leichte und dennoch eine zentrale Aufgabe geistlichen Lebens: sich mit anderen zu verbinden und verbindlich dazuzugehören.

4. Gestaltendes Wirken

An dieser Stelle braucht es keine Hinweise darauf, wo und wie im eigenen Lebensumfeld Engagement und Einsatz sinnvoll wären. Es braucht wenig, um die Menschen und Orte zu finden, die auf Zuwendung und Aufmerksamkeit warten.

Hinweisen möchte ich nur darauf, dass auch das gemeinschaftliche Nachdenken über Strukturen und Alternativen zum Bestehenden hierhergehören. Neben vielen anderen Initiativen und Bewegungen nimmt für mich in diesem Zusammenhang die Bewegung der Commons eine Schlüsselstellung ein. Die Commons sind eine Bewegung, die auf lokaler und praktischer Ebene ebenso wie im theoretischen Nachdenken alternative Ressourcennutzung und Mitbestimmungsstrukturen entwickelt und verwirklicht.[130] Weitere Hinweise zu diesem Themenfeld finden sich ebenfalls in meiner minimalistischen Spiritualität.

5. Straßenexerzitien und Alltagsexerzitien – vom Abschreiten aller drei Kreise

Etliche Aspekte der bisher beschriebenen Kreise fließen in der Form der Straßenexerzitien zusammen, die ich abschließend noch kurz skizzieren möchte. In den Straßenexerzitien zieht man sich nicht aus der Hektik und dem Getriebe der Städte aufs Land zurück, um Einkehr zu halten. Vielmehr sucht diese Form der Exerzitien die Gegenwart des Auferstandenen im Alltag der Straße. Die Wahrnehmung der Wunden der Zeit, der Ausgeschlossenen und Leidenden bekommt dabei ein besonderes Gewicht, Spiritualität mit dem Gesicht zur Welt: Aufmerksam, offen und absichtslos gehen die Übenden eigensinnig und allein auf die Straßen und Plätze und suchen nach einem Echo des biblischen Wortes, mit dem sie am Morgen aufgebrochen sind. *„Sich auf Exerzitien zu begeben bedeutet zu ‚üben'. Wir üben, aufmerksamer zu werden, unsere innere Sehnsucht zu bemerken und ihr zu folgen. Um auf die inneren Stimmen besser zu hören, werden solche Übungszeiten normalerweise in einem Kloster oder in einem Haus angeboten, das dafür besonders geeignet scheint, mit landschaftlich schöner Umgebung oder einem Meditationssaal. Bei den Exerzitien auf der Straße gehen wir raus in die Stadt. Üblicherweise zehn Tage lang, jeden Morgen und jeden Nachmittag. Abends kommen wir wieder zusammen, feiern Gottesdienst und erzählen uns in kleinen Gruppen, was uns begegnet ist."*[131]

Hier verschränken sich Wahrnehmung des Leidens, Meditation und gemeinschaftliche liturgische Feier. *„Wir üben, das Leben in Fülle zu suchen, den Lebendigen und die Lebendige, die tausend Namen hat, die wir Gott nennen. Wir üben, ihr unser Herz zu öffnen. Warum ‚üben'? Wir üben vielleicht weniger im Sinne von trainieren, sondern eher im Sinne von: immer wieder anfangen. Ich übe, ins Jetzt zu kommen. Ich werde langsamer und spüre Neues. Nach und nach entdecke ich eine Stille in mir und kann mein Inneres spüren. Im Lassen vom Tun und Arbeiten, vom Denken und Handeln finde ich zu einem Dialog in mir und bin im Gebet. Ich übe, mehr ins Hören zu kommen. Wer will mir heute begegnen? Wo oder in wem will sich Gott, die Quelle des Lebens, mir heute zeigen?*

Unverschämte Übungen – immer wieder: unverschämt Neues. Da, wo ich es vielleicht am wenigsten erwarte! Gott, die liebende Gegenwart, suchen im Jetzt, in allen Dingen, wie Ignatius, der Begründer des Jesuitenordens, sagt. Auch in jedem Menschen kann ich dieses Schöne, das Gott ist, finden. Unverschämt – vielleicht gerade in jenen Menschen, die ich sonst eher beiseiteschiebe, die am Rande leben, die an Brennpunkten des Lebens stehen."[132]

Freestyle Religion lebt von dieser suchenden und übenden Grundhaltung, die sich nicht abseitshält, sondern die Straßen und Hinterhöfe der Städte, den zerrissenen Alltag zum Ort der Gottesbegegnung macht. So wie Freestyle Sportarten nicht in Sporthallen ausgeübt werden, kann sich auch gelebter Glaube nicht in abgeschlossenen Räumen vollziehen, sondern muss nach draußen drängen. Freestyle Religion braucht, das zeigen die Straßenexerzitien, die Gemeinschaft, um das Gesehene und Erlebte miteinander zu teilen und im Feiern vor Gott zu tragen. Der eigene Weg und die Wege der vielen anderen kreuzen sich vor Gott. Und dennoch ist es vor allem die aufmerksame und hörende Haltung, die diese Form der spirituellen Übung ausmacht: *„Auch in den Exerzitien auf der Straße ist es wichtig, ins Schweigen zu kommen, mitten im Zuhören und Sprechen. Die innere Haltung des Wahrnehmens wird gefördert, wenn ich im Zuhören bleiben kann und nicht besserwisserisch den anderen belehren will. Das Reden ist zu anderen Zeiten wichtig. Jetzt will ich nachspüren, was mir durch den anderen – vielleicht zwischen den Zeilen – gesagt werden soll."*[133]

Dieses hörende Schweigen ist die Voraussetzung für jede Form von kooperativem Engagement zugunsten derer, denen man begegnet ist – auch wenn die Straßenexerzitien diesen letzten praktischen Schritt nicht leisten können, der für das Ganze von Freestyle Religion konstitutiv ist.

Straßenexerzitien lassen sich als Grundübung von Freestyle Religion verstehen, die sich eben nicht im stillen Kämmerlein versteckt, sondern die Straße als Ort gelebter Religion wiederentdeckt – so wie sich Parcours oder Free Running den herausfordernden Gegebenheiten der Straße stellen oder zeitgenössische Kunst auf die Straße geht, um im alltäglichen Leben Spuren zu hinterlassen.[134]

"Wenn ich auf die Straße gehe, lasse ich die Kontrolle weg, mit der ich bestimme, wer mir begegnen kann und wer nicht. Ich gehe in die Offenheit der Begegnung und lasse mich in diese Offenheit frei, soweit ich es vermag, begegne Überraschendem und schaue, ob dieses ‚Ungeborgene' mein Herz entzündet und mich in unvorstellbarer Weise beherbergen, mir Geborgenheit und Gottes Anwesenheit zeigen will. Ich stimme dem offenen Ausgang des Tages zu, gehe aus dem Gewohnten hinaus, sage ja dazu, dem Fremden, dem Unbekannten entgegenzugehen, will erproben, was geschieht, und schauen, was sich in mir ereignet."[135]

Wenn Religion ihre geschützten Räume, in denen sie das Göttliche gefeiert und die Augen vor der Zerrissenheit der Welt nicht verschlossen hat, verlässt und ihre vertiefte Verankerung im Göttlichen hinaus auf die Straße trägt, um Welt mit anderen kooperativ zu gestalten, und wenn sie diesen Weg immer wieder und wieder eigensinnig geht, wird aus Religion Freestyle Religion. Dann ist Religion mehr als frommes Selbstgespräch meiner Seele mit mir selbst. Dann ereignet sich wunderbares Wirken weit über mich hinaus.

Anmerkungen

1 So die treffende Beschreibung des Soziologen Andres Reckwitz in seiner „Gesellschaft der Singularitäten": „Das Subjekt arbeitet nun an sich selbst als etwas Einzigartigem, und es wird von außen als potentiell Singuläres betrachtet." Reckwitz, Gesellschaft, 244.
2 „Die Beispiele zeigen die wesentlichen Charaktereigenschaften und Wirkungseffekte von Lead Usern. Sie sind sozusagen Genervte, die aber nicht in den Konsumboykott gehen, sondern in die eigene Werkstatt. Sie sind Experten ihrer eigenen Bedürfnisbefriedigungen; sie sind MacherInnen; sie sind unorthodox; sie sind an Qualität interessiert, die optimal auf sie als Individuen passt. Und man merkt sofort: Solche Personen sind für jedes Unternehmen und auch für jede Kirche Gold wert. Lead User liefern nicht nur Bedürfnis-, sondern eben auch Lösungsinformationen, und das sogar noch loyal zum eigenen Produkt. Denn sie gehen nicht weg: Sie verbessern." Sobetzko/Sellmann: Gründer/innen Handbuch, 132.
3 Latour, Jubilieren, 173.
4 „Während die Säkularisierungstheorie besagt: je mehr Modernisierung, desto weniger Religion, geht die These der religiösen Individualisierung von der umgekehrten Beziehung aus, nämlich dass mit zunehmender Modernisierung nicht die Religionen verschwinden, sondern ihr Gesicht verändern. Zwar lockern sich die Bindungen an die organisierten Religionsgemeinschaften ebenso, wie die Autorität der Kirchenväter in existentiellen Fragen schwinden. Jedoch darf dies keineswegs gleichgesetzt werden mit der Annahme, daß religiöse Erfahrungen und Fragen für die Individuen eine immer geringere Rolle spielen." Beck, Der eigene Gott, 58f.
5 A. a. O., 42.
6 A. a. O., 109.
7 A. a. O., 136.
8 A. a. O., 139.
9 Vgl. dazu den Abschnitt Gesetz und Evangelium, in: Gerhard Ebeling, Luther, Einführung in sein Denken, S. 120–136.
10 „In zweckrationalen Praktiken versuchen Gesellschaften nun gewissermaßen, der Knappheit durch Einsparung von Mitteln, Arbeitskraft, Zeit und Energie zu begegnen." Reckwitz, Gesellschaft, 32.
11 A. a. O., 85.
12 „In der spätmodernen Gesellschaft sind die funktionalen Güter bloß profan. Sie sind einfach nur nützlich, gewissermaßen Wegwerfgüter

und -dienste … Die kulturellen Güter hingegen erscheinen als sakral, indem sie wert- und affekthaft aufgeladen sind." A. a. O., 123.
13 A. a. O., 147.
14 Beck, Der eigene Gott, 117.
15 A. a. O., 121.
16 A. a. O., 119.
17 Halbfas, Kurskorrektur, 9.
18 Beck, Der eigene Gott, 116.
19 Die Seitenzahlen in Klammern beziehen sich auf Bobert, Coaching und Mystik.
20 Kroeger, Ruck, 51ff.
21 Lauster, Protest, 99.
22 Im weiteren Verlauf wird sich der Begriff des Spirituellen bzw. der Spiritualität weiter präzisieren. Vorerst mag das Verständnis von Spiritualität, das ich in meiner minimalistischen Spiritualität entwickelt habe, genügen: Spiritualität verstehe ich als durch Übung vertiefte Sehnsucht nach Transformation durch das Transzendente oder noch einfacher: Spiritualität ist das kultivierte Verlangen, sich vom Transzendenten durchdringen zu lassen. Vgl. Habenicht, Leben mit leichtem Gepäck, 21ff.
23 Rosa, Resonanz, 18f.
24 Hansch, Sprung ins Wir, 127f.
25 Gerhardt, Sinn des Sinns, 47.
26 A. a.O, 53.
27 A. a. O., 56f.
28 Rosa, Resonanz, 20.
29 A. a. O., 53.
30 Schnell, Sinn, 7.
31 A. a. O., 8.
32 Ebd.
33 Sennett, Handwerk, 19.
34 A. a. O., 33.
35 Schulz von Thun, Miteinander reden 4, 49–76.
36 Merleau-Ponty, Phänomenologie der Wahrnehmung, 252.
37 A. a. O., 251.
38 Hansch, Sprung ins Wir, 187.
39 Luther, Kleiner Katechismus, 507.
40 Riesebrodt, Cultus und Heilsversprechen, 113.
41 A. a. O., 241.
42 „Die am großen Spiel teilnehmende Gemeinde, also die im Ritus eingebundene Gruppe, kann ihre aus Hilflosigkeit gegenüber der Katastrophe geborene Aggression im Tötungsakt herauslassen … Die Menschen befreien sich bei dieser blutigen Handlung von der bis dahin nach innen gewendeten Wut, die sich in hilflose Erstar-

rung, psychosomatisches Leid oder ihre Mitmenschen gefährdende Angriffslust versetzt hatte. Alles, was einen überwältigenden Eindruck gemacht hat, muss in den Zeremonien heilend abgespielt werden." Wils, Kunst. Religion, 85f.

43 In Europa hat Gerd Theißen einen ähnlichen Ansatz entwickelt: „Religion ist ein kulturelles Zeichensystem, das Lebensgewinn durch Entsprechung zu einer letzten Wirklichkeit verheißt."
„Was ist nun das Besondere des religiösen Zeichensystems? Es lässt sich als Kombination von drei Ausdrucksformen charakterisieren, die sich so nur in der Religion verbinden: durch Mythos, Ritus und Ethos."
Gerd Theißen, Die Religion der ersten Christen, 19.21.

44 Vgl. dazu Habenicht, Leben mit leichtem Gepäck, 37ff.

45 „Auf die symbolische Funktion der Kunst zurückgreifend, beschloss ich, ein Symbol ins Spiel zu bringen, das den Weg in ein neues Stadium der Zivilisation weisen sollte. Das Symbol des Dritten Paradieses war für mich der Kompass, der in die richtige Richtung wies. Dieses Zeichen sollte gleichzeitig Bezug auf die Vergangenheit, Wahrnehmung der Gegenwart und Blick in die Zukunft sein. Das mathematische Unendlichkeitszeichen – eine Linie zeichnet, ohne abzusetzen, eine liegende Acht – erlaubte diese Synthese. In den einen Kreis schreibt sich Vorvergangenheit ein, die Zeit, in der der Mensch vollkommen eins war mit der Natur; der andere Kreis repräsentiert die zweite Phase der Vergangenheit, in der sich der Mensch von der Natur abgespalten und zur künstlichen Welt hin entwickelt hat, in der wir heute leben …
In der Gegenwart hat sich, zwischen den Sphären des Natürlichen und Künstlichen, ein ungeheurer, im letzten Jahrhundert exponiert zunehmender Druck aufgebaut. Nach meinem Empfinden war es notwendig, den Punkt, an dem sich die beiden Kreise berühren, von diesem Druck zu befreien, indem ich die Bahn eines dritten Kreises öffnete: für den Raum, der die Zukunft in sich annehmen sollte. So erhielt das neue Unendlichkeitszeichen, das Symbol des Dritten Paradieses, seine Form. Aus dem mittleren Kreis wird, wie aus einem Mutterbauch, den die beiden früheren Paradiese, das natürliche und das künstliche, befruchtet haben, eine neue Menschheit hervorgehen." Pistoletto, Das Dritte Paradies, 12f.

46 Haas, Mystik, 23.
47 Hamm, Mystik, 135f.
48 A. a. O., 116.
49 A. a. O., 119.
50 A. a. O., 130.131.132.
51 A. a. O., 129.
52 A. a. O., 117.

53 Wiesing, Merleau-Pontys Entdeckung der Wahrnehmung, 112f.
54 Dalferth, Ein Reden des Herzens, 94.
55 Zitiert nach Beck, Der eigene Gott, 28.
56 A.a.O., 29.
57 Kunz, Sing, bet, 259.
58 Metz, memoria passionis, 166.
59 A.a.O., 26.
60 A.a.O., 78.
61 Halbfas, Kurskorrektur, 9.182.
62 Rössler, Autonomie, 322.
63 Honneth, Kampf um Anerkennung, 120f.
64 „Indem ich in der Wahrnehmung meiner eigenen Lautgebärde auf mich so reagiere, wie es mein Gegenüber tut, versetze ich mich in eine exzentrische Perspektive, aus der heraus ich ein Bild von mir selbst gewinnen kann und somit zu einem Bewusstsein meiner Identität zu gelangen vermag." A.a.O., 119.
65 Vgl. Rosa, Unverfügbarkeit, 21–24.
66 Sennett, Handwerk, 19.
67 A.a.O., 234.
68 Rosa, Unverfügbarkeit, 28.
69 Müller, Der Fuchs, 228.
70 Dalferth, Reden des Herzens, 105f.
71 A.a.O., 105.
72 WA 12, 488,7–11.
73 WA 49, 593, 24–26.
74 Beck, Der eigene Gott, 105f.
75 Vgl. den inspirierenden und doch in den alten Denkmustern verharrenden Artikel von Thomas Hirsch-Hüffell: Gottesdienst im großen Wandel kirchlichen Lebens. Zwischen Event und Übung, Deutsches Pfarrerblatt 9/2018.
76 Andrea Riccardi, Alles kann sich ändern. Gespräche mit Massimo Naro. Der Gesprächspartner von Andrea Riccardi ist ebenfalls ein langjähriger Weggefährte der Gemeinschaft, weshalb ich seine Äußerungen und Überlegungen zur Gemeinschaft ebenfalls zitiere.
77 Riccardi, Alles kann sich ändern, 52.
78 A.a.O., 22.
79 A.a.O., 30f.41.43.
80 A.a.O., 39.
81 A.a.O., 73.83.
82 A.a.O., 47.
83 A.a.O., 128.
84 A.a.O., 202.
85 Butting, Erbärmliche Zeiten, 25.
86 A.a.O., 30.

87 Wils, Kunst. Religion, 73.
88 Hampe, Lehren, 232.
89 A. a. O., 52.
90 A. a. O., 62f.
91 A. a. O., 220.
92 A. a. O., 78f.82.
93 A. a. O., 138.
94 A. a. O., 334.
95 A. a. O., 288.
96 A. a. O., 293.
97 A. a. O., 152f.
98 A. a. O., 48.
99 Ritschl, Logik, 45.
100 A. a. O., 76.111.
101 Ritschl/Hailer, Diesseits, 32.
102 Wils, Kunst. Religion, 194f.
103 A. a. O., 166.
104 Auch die Sinnforscherin Tatjana Schnell kommt zu dem Ergebnis, dass Religion für die existenzielle Sinnerfüllung alle entscheidenden Kriterien, anhand derer Sinnerfüllung bewertet werden kann, erfüllt: Wer religiös ist, fühlt sich einer Gemeinschaft verbunden (Zugehörigkeit), geht davon aus, dass das eigene Handeln wichtig ist (Bedeutsamkeit), richtet sich nach ethischen Weisungen (Orientierung) und kann seine unterschiedlichen Lebensbereiche kohärent durch seine religiöse Lebenshaltung miteinander verbinden. Vgl. dazu, Schnell, Psychologie des Lebenssinns, 69–74.
105 So die spitze Formulierung von Ulrich Beck in: Der eigene Gott.
106 Ulrich Beck, Der eigene Gott, 30f.
107 Wils, Kunst.Religion, 180.
108 „Über ein Drittel aller Deutschen erfahren ihr Leben als sinnlos, haben aber kein Problem damit. Sie suchen keinen Sinn und leiden nicht unter Sinnmangel oder einer Sinnkrise. Ich habe sie daher als existenziell indifferent bezeichnet … Existenziell Indifferente zeigen ein sehr niedriges allgemeines Engagement. Besonders gering ausgeprägt – in einem Ausmaß, das auf Ablehnung hinweist – sind Religiosität, Spiritualität, Selbsterkenntnis und Herausforderung … Es gibt nichts, wofür existenziell Indifferente Opfer bringen, dem sie sich unterwerfen, wofür sie sterben würden. Sie hegen keine Leidenschaften, zeigen kein Engagement. Mit der Idee einer übernatürlichen Wirklichkeit können sie nichts anfangen. Mit besonderer Vehemenz vermeiden sie es auch, sich selbst zu erkunden." Tatjana Schnell, Psychologie des Lebenssinns, 86.89.
Für Tatjana Schnell sind Kohärenz (Stimmigkeit zwischen den einzelnen Lebensbereichen), Bedeutsamkeit (ich erlebe, dass ich

mit meinem Handeln etwas erreichen kann), Orientierung (inhaltliche Ausrichtung des eigenen Lebens auf selbst gesetzte Ziele) und Zugehörigkeit (ich nehme mich als Teil eines größeren Ganzen wahr) Indikatoren für erfahrene Sinnerfüllung. Sinn erfüllt mich, wenn ich mein Handeln als kohärent, bedeutsam, orientiert und zugehörig bewerten kann. Sinnerfüllung ist somit ein bewertender und reflexiver Selbstbezug. Ein Messer hat an sich keinen Sinn. Wenn ich damit jedoch schnitzen und erleben kann, zu was ich fähig bin, erhält es hingegen einen Sinn.

Schnell hat in ihren Befragungen weiterhin fünf grundlegende Lebensquellen (Lebensbedeutungen) entdeckt, an denen sich Menschen handelnd im Alltag orientieren: vertikale Selbsttranszendenz (Religion), horizontale Selbsttranszendenz (Verbundenheit mit anderen), Selbstverwirklichung, Ordnung (Tradition), Wir- und Wohlgefühl. Indem ich mich handelnd auf etwas ausrichte, messe ich ihm Bedeutung bei. Je mehr es mir gelingt, möglichst viele verschiedene Lebensquellen in Balance zu halten, die über mein eigenes Befinden und Wohlergehen hinausgehen, desto mehr werde ich mein Leben als sinnvoll erleben.

Lebenssinn, so ließen sich die dargestellten Ergebnisse zusammenfassen, beschreibt somit sowohl die subjektive Bewertung des eigenen Lebens (als kohärent, selbstwirksam, orientiert und zugehörig) als auch die konkreten gelebten Werte und Ausrichtungen, die als bedeutsam angesehen werden.

109 „An solchen Momenten ist nichts Erbauliches, keine Botschaft, nichts, was man wirklich aus ihnen lernen könnte – und darum nenne ich sie gern ‚Momente der Intensität'." Gumbrecht, Diesseits, 119.
110 Rössler, Autonomie, 57.
111 Lauster, Der Ewige Protest, 101.
112 Rössler, Autonomie, 229.
113 „Die Vorstellung, wir seien Self-Made-Individuen, ist eine Illusion. Wie wir noch zeigen werden, ist jede und jeder von uns tatsächlich ein Ich-in-Bezogenheit. Wir leben nicht nur in Beziehungen, sondern unsere Identität entsteht erst aus Beziehungen heraus. Der Begriff Ich-in-Bezogenheit hilft, dies im Blick zu behalten und unserem besonderen Potenzial besser gerecht zu werden. Schließlich sind wir, wie die Ökonomen Samuel Bowles und Herbert Gintis sagen, eine wahrlich kooperative Spezies. Die Frage ist nicht, ob es diesen tiefen menschlichen Instinkt gibt. Die Frage ist, ob und wie seine Entfaltung gefördert wird. Und wenn unsere Kooperationsfähigkeit gefördert wird, geschieht dies dann, um allen zu dienen, oder wird sie stattdessen auf engstirnige Anliegen gerichtet? Die Welt als Commons zu denken und zu gestalten bedeutet, unsere Koope-

rationsfähigkeit so zu nutzen, dass sich niemand über den Tisch gezogen fühlt, aber auch niemandem ein Platz am Tisch verweigert wird … Commoning bedeutet nicht einfach, etwas zu teilen oder gemeinsam zu nutzen, wie wir das aus dem Alltag kennen. Es bedeutet, zu teilen beziehungsweise gemeinsam zu nutzen und zugleich dauerhafte soziale Strukturen hervorzubringen, in denen wir kooperieren und Nützliches schaffen können." Vgl. dazu: Silke Helfrich/David Bollier, Frei, fair, lebendig. Die Macht der Commons, Bielefeld 2019, 19.

114 „Was ich eigentlich bin und wirklich will, erweist sich erst in meinen alltäglichen Praktiken, in dem, was ich für mich ausprobiere und gerne oder mit Leidenschaft tue … Solche Praktiken sind mit affektiver Befriedigung, mit Erlebnissen und Erfahrungen verknüpft." Reckwitz, Gesellschaft, 291f.
115 Reckwitz, Gesellschaft, 440.
116 Kroeger, Der fällige Ruck, 35ff.
117 Vgl. dazu: Michael Huppertz/Verena Schatanek, Achtsamkeit in der Natur. 84 naturbezogene Achtsamkeitsübungen und theoretische Grundlagen.
118 Das Grundlagenbuch von Jon Kabert Zinn heißt: Gesund durch Meditation; eine kursgeeignete Form bieten Cornelia Löhmer/Rüdiger Standhardt, MBSR. Die Kunst, das ganze Leben zu umarmen. Einübung in Stressbewältigung durch Achtsamkeit.
119 Bieri, Wie wollen wir leben, 26.
120 Vgl. dazu: Lutz Werder, Spirituelles Schreiben. Ein Praxisbuch für Einzelne und Gruppen; Peter Bieri: Wie wollen wir leben?.
121 Siehe auch: Mario Leis, Kreatives Schreiben. 101 Übungen; Silke Heimes, Kreatives und therapeutisches Schreiben. Ein Arbeitsbuch.
122 Die Literatur hierzu ist endlos. Mich haben die Bücher von Willigis Jäger bisher am meisten überzeugt z. B.: ders., Der Himmel in dir. Einübung ins Körpergebet.
123 Bianchi, Dich finden, 88.
124 A. a. O., 93.
125 A. a. O., 95.
126 A. a. O., 100.
127 Vgl. dazu: Uwe Habenicht, Leben mit leichtem Gepäck, 149ff; Martin Luther, Eine einfältige Weise zu beten.
128 Xandi Bischoff/Nadine Seeger, Psalmen destillieren, 8.
129 A. a. O., 11.
130 Vgl. dazu Helfrich/Bollier, Frei, fair, lebendig (s. o. Anm. 113).
131 Herwartz, Im Alltag der Straße, 27.
132 Ebd.
133 A. a. O., 28.

134 Vgl. dazu das Interview der St. Galler Künstler Frank und Patrik Riklin, die mit ihrem „Atelier für Sonderaufgaben" durch ungewöhnliche öffentliche Aktionen auf gesellschaftliche Themen aufmerksam machen: „Kunst ist für uns kein isoliertes, abgeschlossenes Werk, das in einem Museum steht. Das Bild an der Wand ist legitim, wir haben Respekt vor jeder künstlerischen Arbeit. Uns fasziniert aber der reale Eingriff in die Gesellschaft. Das lebendige Bild im Alltag der Menschen …
Im Kunstbetrieb verharmlost sich Kunst oft selber. Denn jeder weiß, dass im Museum Kunstwerke sind. Keine Verunsicherung. Alles im geschützten Rahmen. Sobald die Leute aber über ein Kunstwerk im Alltag stolpern, fragen sie unverzüglich: Was ist das? Die Verschiebung von Kunst in den Alltag löst andere Fragen aus als im Kunstbetrieb." Aus: St. Galler Tagblatt vom 4.8.2019.
135 Herwartz, Im Alltag der Straße, 29.

Literatur

Adnan, Etel, Gespräche mit meiner Seele, hrsg. von Klaudia Ruschkowski, Hamburg 2015

Beck, Ulrich, Der eigene Gott. Friedensfähigkeit und Gewaltpotential der Religionen, Frankfurt a. M. 2008

Bermes, Christian, Maurice Merelau-Ponty zur Einführung, 2. erw. Auflage Hamburg 1998

Bianchi, Enzo, Dich finden in deinem Wort. Die geistliche Schriftlesung, Freiburg i. Br. 1988

Bieri, Peter, Wie wollen wir leben?, St. Pölten 2011

Bischoff, Xandi/Seeger, Nadine, Psalmen destillieren. Alte Gebete neu lesen, Basel 2018

Bobert, Sabine, Jesus-Gebet und neue Mystik. Grundlagen einer christlichen Mystagogik, 2. Auflage Münsterschwarzach 2012

Dies., Mystik und Coaching, Münsterschwarzach 2011

Butting, Klara, Erbärmliche Zeiten – Zeit des Erbarmens. Theologie und Spiritualität der Psalmen, Uelzen 2013

Dalferth, Ingolf U., Ein Reden des Herzens mit Gott. Christliches Beten als Vollzug des Liebesgebots, in: ders./Peng-Keller, Simon, Beten als verleibliches Verstehen. Neue Zugänge zu einer Hermeneutik des Gebets, Freiburg i. Br. 2016, 83–107

Ders./Simon Peng-Keller (Hg.), Beten als verleibliches Verstehen. Neue Zugänge zu einer Hermeneutik des Gebets, Freiburg i. Br. 2016

Ebeling, Gerhard, Luther. Einführung in sein Denken, Tübingen 2017

Gerhardt, Volker, Der Sinn des Sinns. Versuch über das Göttliche, 4. Auflage München 2017

Gumbrecht, Hans Ulrich, Diesseits der Hermeneutik. Die Produktion von Präsenz, Frankfurt a. M. 2004

Haas, Alois, Mystik im Kontext, München 2004

Habenicht, Uwe, Leben mit leichtem Gepäck. Eine minimalistische Spiritualität, Würzburg 2018

Halbfas, Hubertus, Kurskorrektur, Wie sich das Christentum ändern muss, damit es bleibt. Eine Streitschrift, Ostfildern 2018

Hamm, Berndt „Gott berühren": Mystische Erfahrungen im ausgehenden Mittelalter. Zugleich ein Beitrag zur Klärung des Mystikbegriffs, in: ders./Leppin, Volker, Gottes Nähe unmittelbar erfahren. Mystik im Mittelalter und bei Martin Luther, Tübingen 2007, 111–137

Hampe, Michael, Die Lehren der Philosophie. Eine Kritik, erweiterte Ausgabe Berlin 2016

Hansch, Dietmar, Sprung ins Wir. Die Neuerfindung von Gesellschaft aus systemischer Sicht, Göttingen 2010

Heimes, Silke, Kreatives und therapeutisches Schreiben. Ein Arbeitsbuch, Göttingen 2011

Herwartz, Christian/ Jans-Wenstrup, Maria u. a., Im Alltag der Straße Gottes Spuren suchen. Persönliche Begegnungen in Straßenexerzitien, Neukirchen-Vluyn 2016

Ders., Auf nackten Sohlen, Exerzitien auf der Straße, 2. Auflage, Würzburg 2010

Ders., Brennende Gegenwart, Exerzitien auf der Straße, Würzburg 2011

Helfrich, Silke/Bollier, David, Frei, fair, lebendig. Die Macht der Commons, Bielefeld 2019

Honneth, Axel, Kampf um Anerkennung. Zur moralischen Grammatik sozialer Konflikte, 9. Auflage Frankfurt a. M. 2016

Huppertz, Michael/Schatanek, Verena, Achtsamkeit in der Natur. 84 naturbezogene Achtsamkeitsübungen und theoretische Grundlagen, Paderborn 2015

Jäger, Willigis/ Grimm, Beatrice, Der Himmel in dir. Einübung ins Körpergebet, 2. Auflage München 2001

Jungclaussen, Emmanuel (Hg.), Aufrichtige Erzählungen eines russischen Pilgers, Freiburg i. Br. 1974

Ders., Unterweisung im Herzensgebet, St. Ottilien 1999

Kroeger, Matthias, Im religiösen Umbruch der Welt: Der fällige Ruck in den Köpfen der Kirche. Über Grundriss und Bausteine des religiösen Wandels im Herzen der Kirche, 2. Auflage Stuttgart 2005

Kunz, Ralph, „Sing, bet und geh auf Gottes Wegen". Spuren einer reformierten Euchologie, in: Dalferth, Ingolf U./Simon Peng-Keller (Hg.), Beten als verleiblichtes Verstehen. Neue Zugänge zu einer Hermeneutik des Gebets, Freiburg i. Br. 2016, 246–277

Latour, Bruno, Jubilieren. Über religiöse Rede, Frankfurt a. M. 2016

Lauster, Jörg, Der ewige Protest. Reformation als Prinzip, München 2017

Leis, Mario, Kreatives Schreiben. 101 Übungen, Stuttgart 2006

Löhmer, Cornelia/Standhardt, Rüdiger, MBSR. Die Kunst, das ganze Leben zu umarmen. Einübung in Stressbewältigung durch Achtsamkeit, Stuttgart 2014

Luther, Martin, Der kleine Katechismus, in: Die Bekenntnisschriften der Evangelisch-Lutherischen Kirche, Göttingen 1982

Ders., Eine einfältige Weise zu beten, für einen Freund, in: ders.: Ausgewählte Schriften, Bd. 2, hg. von Gerhard Ebeling u. a., 2. Auflage Frankfurt a. M. 1983

Merleau-Ponty, Maurice, Phänomenologie der Wahrnehmung, 6. Auflage Berlin 1966

Ders., Das Primat der Wahrnehmung. Mit einem Nachwort von Lambert Wiesing, Frankfurt, 4. Auflage 2012

Metz, Johann Baptist, Memoria passionis. Ein provozierendes Gedächtnis in pluralistischer Gesellschaft, Freiburg i. Br. 2006

Müller, Herta, Der Fuchs war damals schon der Jäger, Hamburg 1992.

Pistoletto, Michelangelo, Das Dritte Paradies, Wien 2012

Reckwitz, Andreas, Die Gesellschaft der Singularitäten. Zum Strukturwandel der Moderne, 5. Auflage Frankfurt a. M. 2018

Riccardi, Andrea, Alles kann sich ändern. Gespräche mit Massimo Naro, Würzburg 2018

Riesebrodt, Martin, Cultus und Heilsversprechen. Eine Theorie der Religionen, München 2007

Ritschl, Dietrich. Zur Logik der Theologie. Kurze Darstellung der Zusammenhänge theologischer Grundgedanken, 2. Auflage München 1988

Ders./Hailer, Martin, Diesseits und jenseits der Worte. Grundkurs christliche Theologie, Neukirchen-Vluyn 2006

Rosa, Hartmut, Resonanz. Eine Soziologie der Weltbeziehung, Frankfurt a. M. 2016

Ders., Unverfügbarkeit, 2. Auflage Salzburg 2018

Rössler, Beate, Autonomie, Ein Versuch über das gelungene Leben, Berlin 2019

Schnell, Tatjana, Psychologie des Lebenssinns, Berlin 2016

Schulz von Thun, Friedemann, Miteinander reden 4. Fragen und Antworten, 9. Auflage Hamburg 2018

Sennett, Richard, Handwerk, Berlin 2008

Sobetzko, Florian/Sellmann, Matthias, Gründer/innen Handbuch für pastorale Start-ups und Innovationsprojekte, 3. Auflage Würzburg 2019

Sudbrack, Josef, Mystik: Sinnsuche und die Erfahrung des Absoluten, Darmstadt 2002

Taylor, Charles, Quellen des Selbst. Die Entstehung der neuzeitlichen Identität, 9. Auflage Frankfurt a. M. 2016

Ders., Ein säkulares Zeitalter, Frankfurt a. M. 2009

Theißen, Gerd, Die Religion der ersten Christen. Eine Theorie des Urchristentums, Gütersloh 2000

Werder, von Lutz, Spirituelles Schreiben. Ein Praxisbuch für Einzelne und Gruppen, Strasburg/Uckermark 2014

Wiesing, Lambert, Merleau-Pontys Entdeckung der Wahrnehmung, Nachwort, in: Merleau-Ponty, Maurice, Das Primat der Wahrnehmung, Frankfurt, 4. Auflage 2012

Wils, Jean Pierre, Kunst. Religion, Versuch über ein prekäres Verhältnis, Tübingen 2014

Von Uwe Habenicht ist im
Echter Verlag ebenfalls erschienen:

Leben mit leichtem Gepäck

Wie lässt sich der durch Überfluss und Konsum verstellte Blick auf das Wesentliche neu gewinnen? Wie sieht ein Lebensstil aus, der den gegenwärtigen Krisen nicht ausweicht, sondern ihnen eigenständig etwas entgegensetzt?

Ausgehend von Bewegungen in der Kirchengeschichte zeichnet Uwe Habenicht die Umrisse einer Spiritualität für das multireligiöse „global village" des 21. Jahrhunderts. Anhand konkreter Beispiele zeigt er, wie sich Konzentration aufs Wesentliche und Offenheit für Anders-Glaubende, Eigenverantwortung und Gemeinschaftssinn, Glauben und Handeln in einem minimalistischen Lebensstil verbinden lassen.

Leben mit leichtem Gepäck
Eine minimalistische Spiritualität

176 Seiten. Broschur
ISBN 978-3-429-04442-8

Das Buch erhalten Sie in Ihrer Buchhandlung.

www.echter.de